中山大学图书馆百年馆史丛书

书香蝶韵

中山大学图书馆藏书票精粹

中山大学图书馆 编

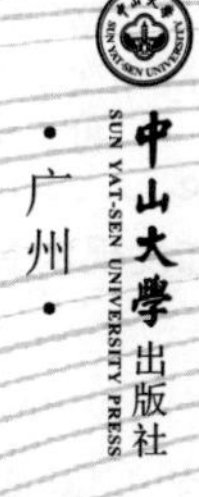

·广州·

图书在版编目（CIP）数据

书香蝶韵：中山大学图书馆藏书票精粹/中山大学图书馆编 . —广州：中山大学出版社，2022. 12
ISBN 978 - 7 - 306 - 07526 - 0

Ⅰ. ①书… Ⅱ. ①中… Ⅲ. ①藏书票—中国—图集 Ⅳ. ①G262. 2 - 64

中国版本图书馆 CIP 数据核字（2022）第 076627 号

SHUXIANG DIEYUN

出 版 人：王天琪
策划编辑：嵇春霞
责任编辑：靳晓虹 井思源
封面设计：曾 斌
责任校对：郑雪漫
责任技编：靳晓虹
出版发行：中山大学出版社
电 话：编辑部 020 - 84110283，81440779，84111997，84111996，84110776，84110773
发行部 020 - 84111998，84111981，84111160
地 址：广州市新港西路 135 号
邮 编：510275 传 真：020 - 84036565
网 址：http://www. zsup. com. cn
E-mail:zdcbs@ mail. sysu. edu. cn
印 刷 者：常州市金壇古籍印刷廠有限公司
规 格：889mm×1194mm 1/32 7 印张 151 千字
版次印次：2022 年 12 月第 1 版 2022 年 12 月第 1 次印刷
定 价：88. 00 元

如发现本书因印装质量影响阅读，请与出版社发行部联系调换

本书编委会

主　　编　何文平

副 主 编　林　明　王　蕾　张　琦

编写人员　（按姓氏笔画排序）

朱　婧　苏日娜　谢小燕

前言

Preface

“藏书票”一词是拉丁语“Ex Libris”的意译，即“予以藏之”。一般贴在图书的扉页，表明图书的所有权。藏书票最早起源于15世纪的德国，随着古登堡印刷技术和版画技法的发展流传于欧美各国。明清时期，伴随中西方交往，藏书票传入中国。

藏书票既是藏书所属的凭信，又是传递图书相关文化信息的重要窗口。通常藏书票上除印有拉丁文“Ex Libris”和书主名字外，还会印上人物、动植物、风景、静物乃至神话故事等图案花纹，装饰与寓意兼顾，简洁醒目，引人入胜。藏书票因其实用性和艺术性，被誉为“纸上宝石”“纸上蝴蝶”“版画珍珠”。

目前，中山大学图书馆馆藏文献逾一千万册，其中蕴藏有丰富的藏书票，既有创校之初中山大学图书馆自己设计的藏书票，也有并入中山大学的其他院校（系）藏书所含藏书票，同时还有通过捐赠渠道漂洋过海而来的西方个人与机构的藏书票，中西汇聚，琳琅满目，蔚为大观。这些藏书票多制作于19世纪后期至20世纪前期，既是中山大学图书馆百年藏书历史的具体记录，也是中西文化交流的历史见证。

为展现中山大学的百年藏书发展史，彰显书籍之美、藏书之趣和读书之乐，中山大学图书馆从中精选近百种具有代表性的藏书票，对其特点及背景知识做适当著录与描述，并结集成册，付梓出版，以飨读者。

中山大学图书馆

2021 年 11 月

目录

Contents

西文藏书票（1952 年后入藏）

猫头鹰主题藏书票

国立广东大学时期

（1924—1926 年）

1924 年 2 月 4 日，孙中山先生颁布大元帅令："着将国立广东高等师范、广东法科大学、广东农业专门学校合并，改为国立广东大学。"国立广东大学成立后，将国立广东高等师范学校、广东法科大学、广东公立农业专门学校，以及 1925 年 6 月并入的广东公立医科大学四校的图书馆合并为国立广东大学图书馆。图书馆设有图书总馆及法学、农学两个分馆。1926 年，图书总馆有藏书近 4 万册，报刊百余种。

广东高等师范学校图书馆藏书票

（尺寸：9.8 cm×13.8 cm）

藏书票介绍

此为广东高等师范学校图书馆藏书票。票面主体为边框式，无图案，上半部分印有“广东高等师范学校图书馆”“分类号数”“登记号数”，下半部分印有“Library of Kwang Tong Normal College”“Class”“Accession”。

广东高等师范学校创办于 1905 年，前身为两广速成师范馆，是清末我国最早设立的几所高等师范学校之一。1923 年 11 月改为国立广东高等师范学校。1924 年 1 月，中国国民党第一次全国代表大会在国立广东高等师范学校礼堂召开。

书目信息

书　　名：*First Studies of Plant Life*
《植物生命的初始研究》
作　　者：George Francis Atkinson
出 版 者：Ginn and Company
出版年份：1901

广东公立农业专门学校图书室藏书票

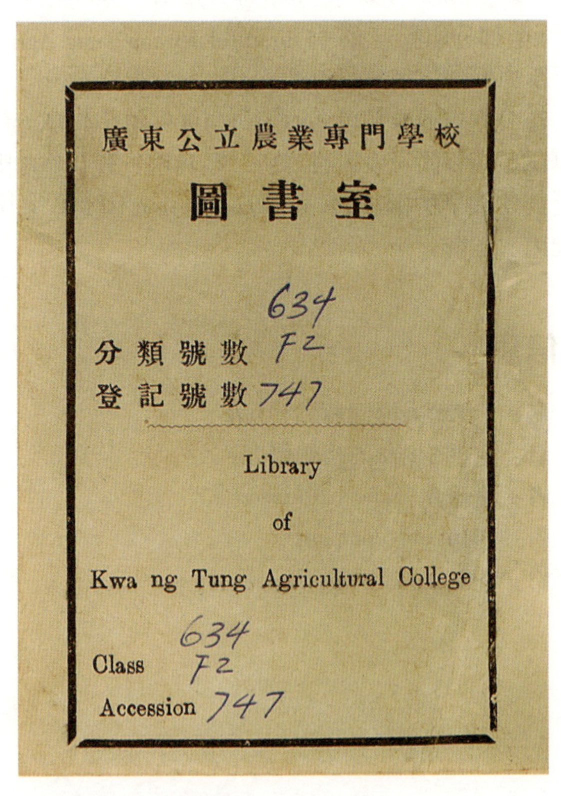

（尺寸：9.3 cm×13 cm）

藏书票介绍

此为广东公立农业专门学校图书室藏书票。主体为线型边框，无图案，由中英文两部分构成。其中上半部分印有“广东公立农业专门学校图书室”“分类号数”和“登记号数”，下半部分印有英文“Library of Kwang Tung Agricultural College”“Class”“Accession”。

广东公立农业专门学校成立于 1909 年，前身为广东全省农事试验场暨附设农业讲习所，是我国近现代高等农业教育史上创建最早的学校之一，1924 年并入国立广东大学后被设立为农学院。

书目信息

书　　名：《實驗果樹園藝》（中卷）
作　　者：富樫常治
出 版 者：裳华房
出版年份：1919

国立广东大学图书馆藏书票

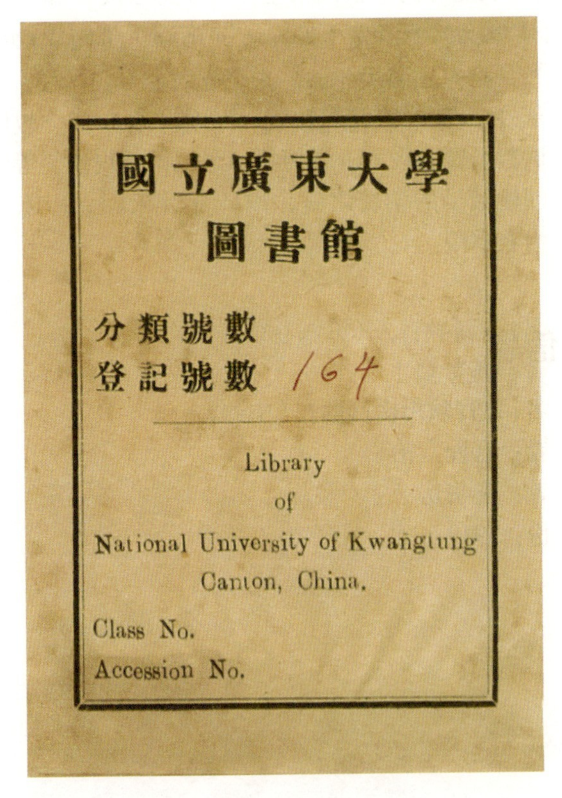

（尺寸：9.5 cm×12.8 cm）

藏书票介绍

此为国立广东大学图书馆藏书票。票面风格、版式与广东高等师范学校和广东公立农业专门学校的藏书票相仿，著录项相同。

1924 年，孙中山先生颁布大元帅令，将国立广东高等师范学校、广东法科大学、广东公立农业专门学校合并为国立广东大学，并亲笔题写校训："博学、审问、慎思、明辨、笃行"。

书目信息

书　　名：《新教育》（第八卷第五期）
作　　者：蒋梦麟主编
出 版 者：新教育共进社
出版年份：1924

国立中山大学时期

（1926—1949 年）

1925 年 3 月 12 日，孙中山先生逝世。为纪念孙中山先生，广州国民政府于 1926 年 8 月 17 日发布命令，将国立广东大学改名为国立中山大学，10 月，通过决议将中山大学英文名称定为“Sun Yat-sen University”。1928 年，国立中山大学图书馆藏书达 22 万册，位居全国大学图书馆之首。1938 年 10 月，日寇侵占广州，国立中山大学奉命西迁，先迁至云南澄江，复迁回粤北坪石，三迁至粤东各县及粤北连县、仁化等地，至 1945 年日本投降，几度迁徙，数易校址，校舍和校产损失惨重。在抗日烽火中，国立中山大学图书馆人颠沛流离，风餐露宿，肩扛背驮，辗转数千公里，冒着生命危险保护藏书，维系学校的学术命脉，谱写了一曲又一曲可歌可泣的爱国、爱校、爱馆、爱书的故事。1945 年 10 月，国立中山大学在广州石牌复校。至 1948 年下半年，国立中山大学图书馆藏书共计 25 万余册。

国立中山大学图书馆藏书票（一）

（尺寸：8. 1 cm×12. 4 cm）

藏书票介绍

此枚藏书票的票面主体为一本立体精装书籍。该书籍封面印有“国立中山大学图书馆”字样，下方绘有蓝色叉光的白日图案，图案中央写有图书分类号信息，书脊处显示国立中山大学图书馆与广州等英文字样。

书目信息

书　　名：*A Manual of School Music in Elementary Grades*
《小学音乐手册》
作　　者：Frank R. Rix
出 版 者：The Macmillan Company；Macmillan & Co.，Ltd.
出版年份：1909

国立中山大学图书馆藏书票（二）

（尺寸：8.6 cm×13.3 cm）

藏书票介绍

此枚藏书票参照国立中山大学在广州文明路校区的标志性建筑——钟楼设计而成。钟楼掩映在葱郁的树林中，楼角若隐若现。票面上方自右往左印有“国立中山大学图书馆”字样，下方左侧有手写图书分类号，右侧印有登记号。

钟楼是学校的办公楼，正门为拱形圆柱廊，廊上有平台，廊下是门厅，楼下四周为柱廊走道，其平面似“山”字，因楼四面上方装置了时钟，故名为“钟楼”，后被用作中山大学校徽的主体图案。1924 年 1 月，孙中山先生在钟楼主持召开了中国国民党第一次全国代表大会。1927 年，鲁迅在中山大学任教期间曾住在钟楼上，并著有《钟楼》一文。

书目信息

书　　名：*The Encyclopaedia Britannica. v.* 11
　　　　　《大英百科全书》第 11 卷
作　　者：不详
出 版 者：The Encyclopaedia Britannica Company Ltd.
出版年份：1929

国立中山大学图书馆藏书票（三）

（尺寸：7.4 cm×12.5 cm）

藏书票介绍

此枚藏书票的票面由三部分组成。票面上部为国立中山大学图书馆馆徽。该馆徽于 1936 年 10 月由中山大学图书委员会通过，图案以地球与海棠花瓣图形为背景，上方为燃亮的蜡烛，中间为一本摊开的书本，书页上有篆书“中大”二字，下方为“圕”字。“圕”字是时任国立中山大学图书馆馆长杜定友先生于 1924 年创制的汉字，为“图书馆”三字的缩写。票面中部印有“国立中山大学图书馆藏书”“PROPERTY OF NATIONAL SUN YATSEN UNIVERSITY LIBRARY”“登记号”“登记期”“价值 $ ”等字样。票面下部双线圆圈内为图书分类号，左下角印有“S. U. L. PI”字样。

书目信息

书　　名：《五十年来的德国学术》
作　　者：中德学会编译
出 版 者：商务印书馆
出版年份：1938

国立第一中山大学图书馆藏书票

（尺寸：8.1 cm×12.4 cm）

藏书票介绍

此枚藏书票与国立中山大学图书馆藏书票（一）的版式、风格、内容相仿。

1927 年，广州国民政府将国立中山大学更名为国立第一中山大学，并在武汉、杭州、南京等地相继设立国立第二中山大学（武汉大学）、国立第三中山大学（浙江大学）、国立第四中山大学（南京大学）、国立第五中山大学（河南大学）。1928 年，南京国民政府决定仅保留广州第一中山大学纪念孙中山先生，其他各地中山大学悉以所在省、市名称命名，国立第一中山大学正式复名为国立中山大学。因此，此枚藏书票设计和使用时间为 1927 年至 1928 年。

书目信息

书　　名：*Studies in History and Jurisprudence*
　　　　　《历史与法理研究》
作　　者：James Bryce
出 版 者：Oxford University Press, American Branch [etc.]
出版年份：1901

国立中山大学法学院图书分馆藏书票

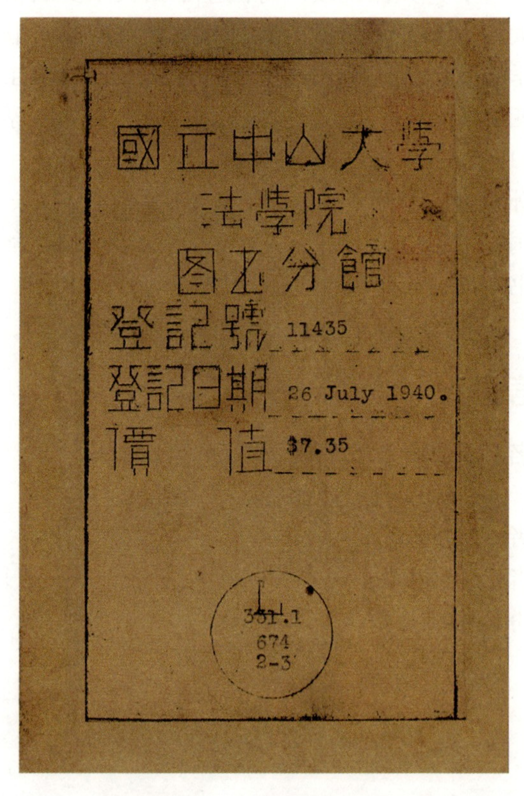

（尺寸：7.8 cm×13 cm）

藏书票介绍

此枚藏书票版式设计简易，手书上版，油印制作，土纸印刷，票面主体为线型边框，无图案，票面上方印有“国立中山大学法学院图书分馆”“登记号”“登记日期”“价值”等信息，下方圆圈内为图书分类号。根据票面上显示的登记日期推断，此枚藏书票为抗日战争时期国立中山大学迁校时图书馆所用，反映了当时办学的艰苦条件。

1938 年 10 月，日寇侵占广州，图书馆随学校迁往云南澄江、广东韶关坪石、粤东各县及粤北连县、仁化等地。

书目信息

书　　名：《比较政治制度》
作　　者：刘迺城
出 版 者：商务印书馆
出版年份：1939

国立中山大学图书馆复员纪念藏书票

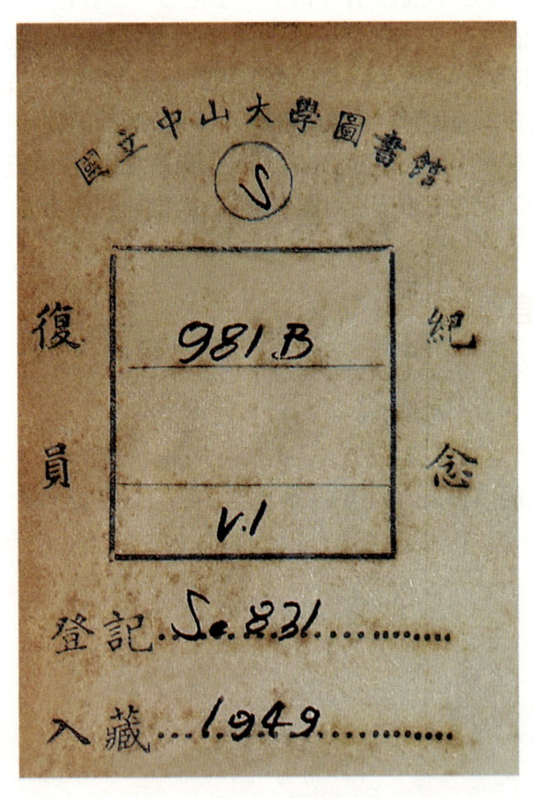

（尺寸：4.5 cm×6.6 cm）

藏书票介绍

此枚藏书票的票面主体分为三部分，票面上方印有“国立中山大学图书馆”字样，中部为线型方框，用以登记图书分类号，方框左右两侧分别印有“复员”“纪念”字样，下方的“登记”“入藏”两栏，分别记录图书的登记号和入藏时间。

抗日战争胜利后，自 1945 年 10 月起，国立中山大学陆续从梅县、连县、仁化等地迁回广州石牌。此为国立中山大学图书馆为纪念抗战胜利学校复员而设计的藏书票。

书目信息

书　　名：*Statistical Year-book of the League of Nations*
《国际联盟统计年鉴》
作　　者：League of Nations, Economic Intelligence Service
出 版 者：League of Nations, Economic Intelligence Service
出版年份：1932—1933

广东省立勷勤大学图书馆藏书票

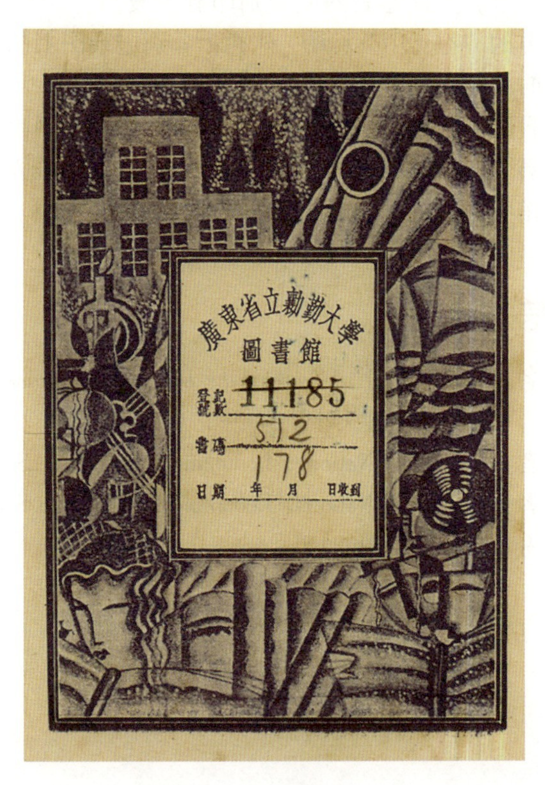

（尺寸：7.9 cm×11 cm）

藏书票介绍

此为广东省立勷勤大学图书馆藏书票。票面主体为蓝白双色印制的木刻版画，图画由星空、教学楼建筑、烛光、乐器、书籍、多个人物头像、仪器等元素构成，整体呈现静谧、自由的知识氛围和广阔、丰富的艺术与科学追求。图画中部白底方框内印有“广东省立勷勤大学图书馆”“登记号数”“书码”“日期”等字样，兼具实用性和美观性。

广东省立勷勤大学成立于 1934 年，由广东省立工业专门学校、广州市立师范学校等院校合并组成。1938 年 8 月，该校工学院并入国立中山大学工学院。

书目信息

书　　名：*Dynamics of Rotation*：*an Elementary Introduction to Rigid Dynamics*
《旋转动力学：刚性动力学入门》
作　　者：A. M. Worthington
出 版 者：Longmans，Green，and Co.
出版年份：1910

中山大学时期

（1949 年至今）

1949 年 10 月，中华人民共和国成立，中山大学迎来全新的发展时期。1950 年 9 月 9 日，中华人民共和国中央人民政府教育部批复中南军政委员会教育部，经政务院核定：公立学校概不加冠“国立”“省立”“县立”或“公立”字样。国立中山大学改名为中山大学。1952 年，全国高等学校院系调整，以原中山大学和岭南大学的文学院、理学院为基础，合并私立华南联合大学、广东省立法商学院、广东省立工业专科学校等高等学校相关科系组成新的中山大学。在院系调整中，中山大学图书馆也进行了大规模藏书调整，至 1954 年，藏书总量达 80 万册，位居国内高校图书馆前列。

中山大学图书馆藏书票

(尺寸：7.6 cm×12.7 cm)

藏书票介绍

此枚藏书票样式简易，票面主体为矩形花纹边框。上方印有“中山大学图书馆”字样，在简单装饰性分割线下分行印有“分类号”“著者号”“书号”“登记号”“备考”等字样。此枚藏书票增加的“著者号”“书号”“备考”等信息可以反映出图书更多的特征信息。

书目信息

书　　名：*The Oxford Book of English Verse*：1250 – 1918
　　　　　《牛津英国诗选：1250 – 1918》
作　　者：Sir Arthur Quiller-Couch
出 版 者：Clarendon Press
出版年份：1939

岭南大学图书馆藏书票（一）

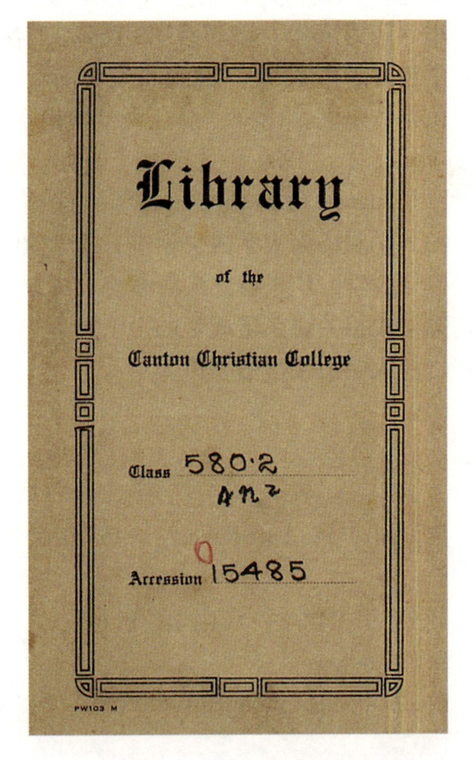

（尺寸：8. 9 cm ×14. 4 cm）

藏书票介绍

此枚藏书票样式简易，票面主体以几何花纹边框为修饰。采用英文格式书写“图书分类号”和“登记号”以标记图书，由“Library of the Canton Christian College”字样可知，此枚藏书票应为 1903—1927 年岭南学堂时期所使用。

岭南大学创办于 1888 年，其前身是美国长老会传教士在广州创办的格致书院。1903 年更名为“岭南学堂”（Canton Christian College）。1927 年收归华人自办，更名为“私立岭南大学”（Lingnan University）。1952 年全国高等院系调整，以原中山大学和岭南大学的文学院、理学院为基础，合并私立华南联合大学、广东省立法商学院、广东省立工业专科学校等高等学校相关科系组成新的中山大学。岭南大学相关藏书亦随之并入中山大学图书馆。

书目信息

书　　名：*Botany all the Year Round：a Practical Text-book for Schools*

《全年用植物学：实用学校教材》

作　　者：E. F. Andrews

出 版 者：American Book Company

出版年份：1903

岭南大学图书馆藏书票（二）

Library

of the

Lingnan University

520
W25
(2)
Class

Accession 59824

(尺寸：8.9 cm×14.4 cm)

藏书票介绍

此枚藏书票与岭南大学图书馆藏书票（一）版式相同，设计简洁，票面主体由花纹边框和文字组成，采用英文格式书写“图书分类号”和“登记号”以标记图书，符合藏书票的实用性。

书目信息

书　　名：*Resident Orientals on the American Pacific Coast: their Legal and Economic Status*
《美国太平洋海岸的东方居民：他们的法律和经济地位》
作　　者：Eliot Grinnell Mears
出 版 者：The Chicago University Press
出版年份：1928

私立岭南大学图书馆藏书票（三）

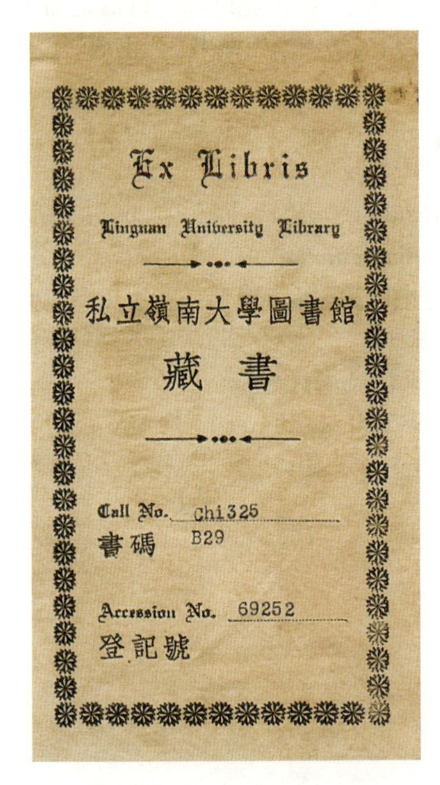

（尺寸：7.2 cm×10.2 cm）

藏书票介绍

此枚藏书票的票面主体由矩形方框和文字组成，方框由八角花瓣图案组成。与上述岭南大学图书馆其他藏书票的不同之处在于其印有藏书票标识“Ex Libris”字样。票面内容包括“私立岭南大学图书馆藏书”“书码”“登记号”等英中文书写项。

书目信息

书　　名：*China e India*
　　　　　《中国和印度》
作　　者：不详
出 版 者：不详
出版年份：1942

广东国民大学图书馆藏书票

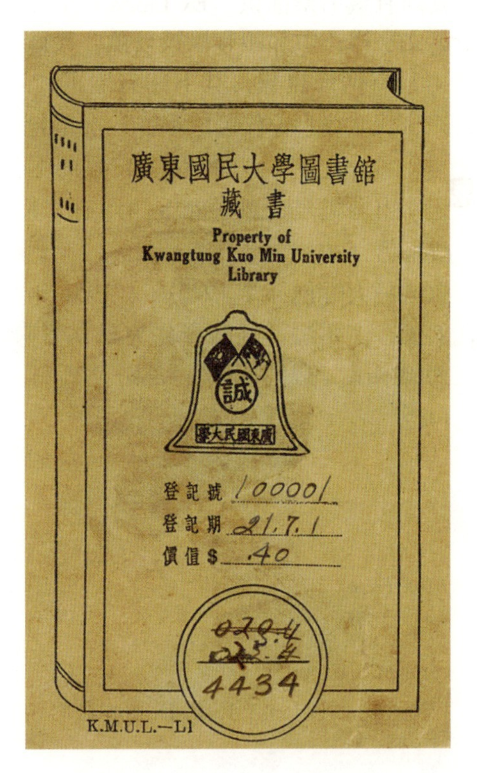

（尺寸：7.2 cm×11.8 cm）

藏书票介绍

此为私立广东国民大学图书馆藏书票。票面主体为蓝白线条勾勒的立体书籍，书籍封面上方印有“广东国民大学图书馆藏书”和“Property of Kwangtung Kuo Min University Library”中英文字样；中部印有该校校徽，校徽图案形如座钟，座钟图内绘有两面旗帜，其下印有圈框“诚”字样与矩形框“广东国民大学”（右起）字样；书籍封面下方分行印有“登记号”“登记期”“价值 $”；票面下部的双线圆圈，用以登记图书分类号；票面左下角印有“K. M. U. L. —LI”字样。

私立广东国民大学创办于 1925 年，1951 年与私立广州大学、文化大学、广州法学院等合并为私立华南联合大学。1952 年，私立华南联合大学撤销，部分文理科系并入中山大学。

书目信息

书　　名：*Jane Eyre*

　　　　　《简·爱》

作　　者：Charlotte Bronte

出 版 者：J. M. Dent & Sons；E. P. Dutton & Co.

出版年份：不详

私立广州大学图书馆藏书票

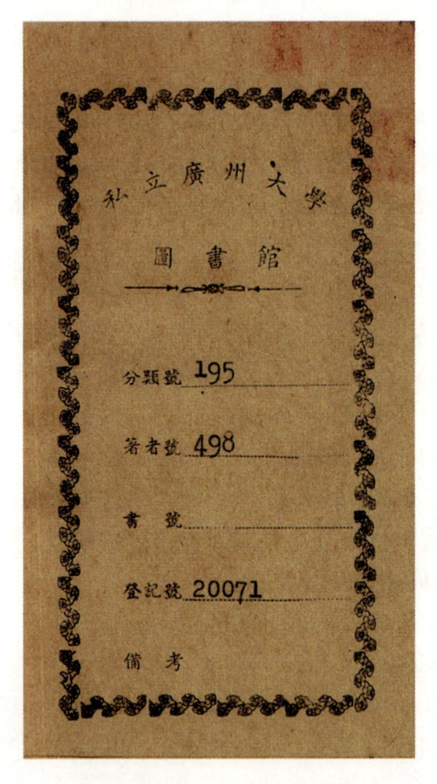
私立廣州大學
圖書館
分類號 195
著者號 498
書號
登記號 20071
備考

（尺寸：7.3 cm×13.3 cm）

藏书票介绍

此为私立广州大学图书馆藏书票。票面主体由矩形方框和文字组成，方框为花卉装饰图案。上部分印有“私立广州大学图书馆”字样，在简单装饰性分割线下依次印有“分类号”“著者号”“书号”“登记号”和“备考”等字样。

私立广州大学成立于 1927 年，1951 年与私立广东国民大学、私立文化大学、私立广州法学院等合并为私立华南联合大学。1952 年，私立华南联合大学撤销，部分文理科系并入中山大学。

书目信息

书　　名：*A History of the Greenbacks*：*with Special Reference to the Economic Consequences of Their Issue*, 1862 - 65

《美钞演变史及其对经济的影响（1862 - 1865）》

作　　者：Wesley Clair Mitchell

出 版 者：The University of Chicago Press

出版年份：1903

私立华南联合大学图书馆藏书票

私立華南聯合大學

圖書館

分類號 528.13

著者號 7588

書號 (4)

登記號 A16662

備考

（尺寸：7. 8 cm×12. 7 cm）

藏书票介绍

此为私立华南联合大学图书馆藏书票，票面主体为矩形花纹边框，分别印有“私立华南联合大学图书馆”“分类号”“著者号”“书号”“登记号”“备考”等字样。此枚藏书票风格与私立广州大学图书馆藏书票相似，表明两校血脉相连的历史渊源。

1951 年，私立广东国民大学、私立广州大学、私立广州法学院及私立文化大学四所院校合并组建私立华南联合大学。1952 年，私立华南联合大学撤销，其中部分文理科系并入中山大学。

书目信息

书　　名：*The Cambridge Modern History*
　　　　　《剑桥现代史》
作　　者：John Emerich Edward Dalberg Acton
出 版 者：The Cambridge University Press
出版年份：1902

湖南大学图书馆藏书票

（尺寸：8.2 cm×10 cm）

藏书票介绍

此为湖南大学图书馆藏书票。票面主体由矩形方框和文字构成，方框为编织丝带形状，框内上半部分印有“湖南大学图书馆”（右起）和“Hunan University Library”中英文字样，下半部分为湖南大学图书馆的建筑图案，呈墨蓝色。

1953 年 10 月，湖南大学外文系，以及历史、经济、地理等专业调整入中山大学，该校相关学科图书随之调拨至中山大学图书馆。

书目信息

书　　名：*Present-day Russia*
　　　　　《当代俄国》
作　　者：Ivy Lee
出 版 者：The Macmillan Company
出版年份：1928

西文藏书票

（1952 年前入藏）

自建校以来，中山大学高度重视国际学术交流与合作。为支持学校教学科研，中山大学图书馆通过捐赠、交换、购买等渠道，积累了一批珍贵的西文专藏。1952年高等学校院系调整，原岭南大学藏书并入中山大学，其中不少为当时国内罕见的西文藏书。这些西文旧藏是了解当时世界各国学术发展的重要窗口，也是中西学术文化交流的有力见证。

A. L. M. Gottschalk 藏书票

(尺寸：7. 8 cm ×12. 1 cm)

藏书票介绍

此枚藏书票是一幅石版画。票面主体由一男一女两个人物构成，女子右手高举月桂花环，左手持有卷轴，傲然挺立看向右侧向她行礼的男子。远方矗立一座城堡，天空还绘有云朵和太阳。图案顶端印有藏书者的名字“A. L. M. Gottschalk”，底部印有“Hys book”字样，表明这是戈特沙克的藏书。“J. Allen St. John 1904.”表明该藏书票的设计者是詹姆斯·艾伦·圣约翰（James Allen St. John，1872—1957）。

阿尔弗雷德·路易斯·莫罗·戈特沙克（Alfred Louis Moreau Gottschalk，1873—1918），曾担任《纽约先驱报》记者和美国驻秘鲁总领事及巴西里约热内卢总领事等职。

书目信息

书　　名：*Africa* Ⅱ：*South Africa*
　　　　　《非洲第 2 卷：南部非洲》
作　　者：Augustus Henry Keane
出 版 者：E. Stanford
出版年份：1907

Arthur Meier Schlesinger 藏书票

（尺寸：8 cm×12.3 cm）

藏书票介绍

此枚藏书票是一幅构图精美的版画。票面的左下角绘有一家四口，父亲头戴牛仔帽，肩扛包袱，母亲头戴围巾，转过头看着孩子们，面容慈祥淡定，充满了对美好生活的向往，也许这一家刚从外地举家迁徙到此地。不远处绘有庄稼地、道路、树木和村落，孩子们正在空地上欢乐地嬉戏，一派祥和的乡间田园风光。远处则是鳞次栉比的高楼与工厂，工厂烟囱正在冒烟。票面左上方书印有藏书者的名字“Arthur Meier Schlesinger”和藏书票标识“Ex Libris”。

亚瑟·迈耶·施莱辛格（Arthur Meier Schlesinger Sr.，1888—1965），美国历史学家，曾在俄亥俄州立大学、艾奥瓦州大学和哈佛大学任教，主要研究方向为社会史、女性史和移民史。

书目信息

书　　名：*Modern History: Europe, from Charlemagne to the Present Time*
《欧洲现代史：从查理曼大帝至今》
作　　者：Willis Mason West
出 版 者：Allyn and Bacon
出版年份：1907

Bruce Crusoe 藏书票

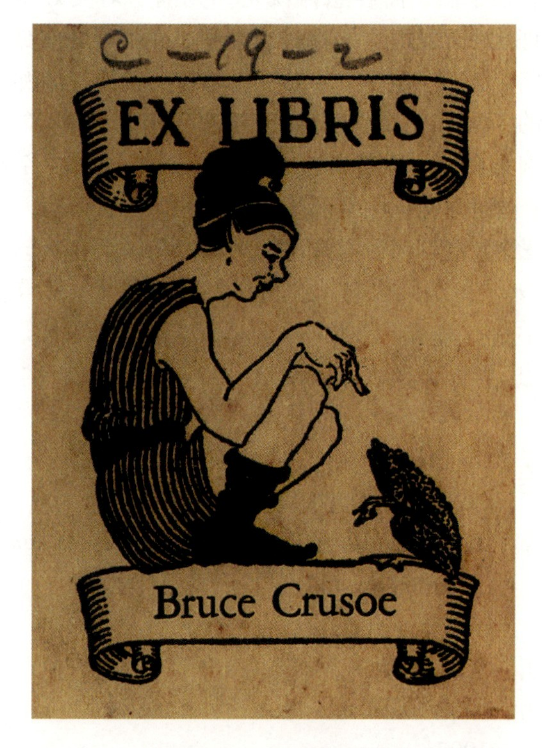

(尺寸：6. 4 cm ×8. 9 cm)

藏书票介绍

此枚藏书票是一幅黑白版画，票面主体为一个蹲坐在地上的女子，她身着黑白条纹连衣裙，配有黑色长袜，头戴一顶小丑帽。女子伸出右手食指正在指向面前的一只蟾蜍，仿佛在跟蟾蜍对话。蟾蜍抬头望着女子，前腿抬起离开地面，仿佛在回应女子。在女子的上下方各有一条展开的绶带，分别印有藏书票标识“EX LIBRIS”和使用者的名字“Bruce Crusoe”（布鲁斯·克鲁索）。

蟾蜍在西方文化中是邪恶与巫术的化身，但西方传统医学认为蟾蜍包治百病，通常与女巫的魔药联系在一起，颇具神秘感。

书目信息

书　　名：*The Story of My Life*
　　　　　《我的人生故事》
作　　者：Marie，Queen of Romania
出 版 者：C. Scribner's sons
出版年份：1934

Charles Atwood Kofoia 藏书票

（尺寸：6.8 cm×10.2 cm）

藏书票介绍

此枚藏书票的主体分为三部分。票面上部呈现了一间书房的景象：书架上摆满了图书，透过书架后的窗户可以看到远处的建筑与树木。票面中部是一枚骑士徽章，骑士头盔下的盾牌上标有字母倒“V”，四周由蛇和鸢尾花纹修饰，徽章两端和下方的绶带上印有藏书票主姓名“Charles Atwood Kofoia”。票面下部描绘了一幅海洋图景：一艘帆船正航行在波涛汹涌的海面上，海底有许多浮游生物和甲藻类植物。这些海洋元素透露出藏书票主的身份和喜好。

查尔斯·阿特伍德·科弗亚（Charles Atwood Kofoia，1865—1947），美国国家科学院院士，原生动物学家、海洋无脊椎动物学家。

书目信息

书　　名：*The Harvey Lectures*
　　　　　《哈维医学讲座》
作　　者：Harvey Society of New York
出 版 者：Academic Press [etc.]
出版年份：1906

Charles Loomis Dana 藏书票

(尺寸：9.2 cm ×5.2 cm)

藏书票介绍

此枚藏书票是一幅黑白木刻版画，票面主体由线条描绘的一幅山脉的远景：近处是挺立的山门，山门的道路可以通向远处绵延的山脉，右上角绘有太阳。图案右侧印有“TO-GO HILL”和藏书票标识“Ex Libris”字样，图案下方印有藏书票主的名字“CHARLES LOOMIS DANA”。

多哥山（Togo Hill），位于美国佛蒙特州的伍德斯托克。查尔斯·卢米斯·达纳（Charles Loomis Dana，1852—1935），美国神经病学家，出生于伍德斯托克，曾任纽约女子医学院、康奈尔大学医学院教授。

书目信息

书　　名：*Ecstasy：a Study of Happiness*
　　　　　《狂喜：幸福的学问》
作　　者：Louis Couperus
出 版 者：Dodd，Mead and Company
出版年份：1919

Elizabeth Harrison 藏书票

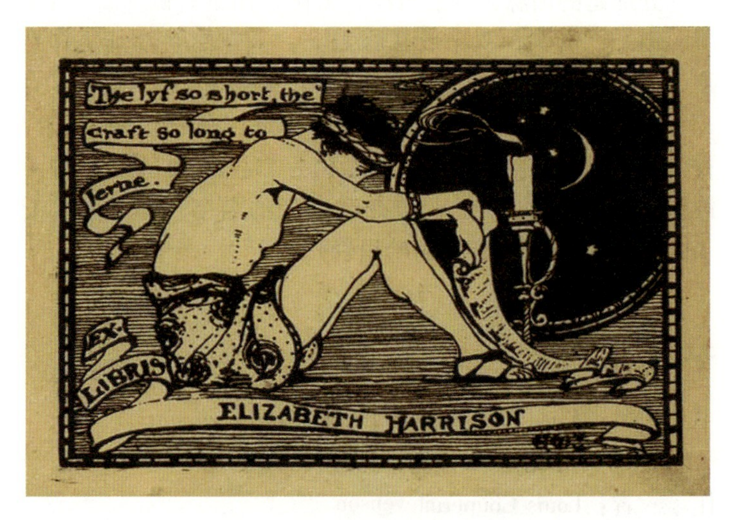

(尺寸：8. 8 cm ×6. 9 cm)

藏书票介绍

此枚藏书票的票面主体是一个男子秉烛夜读的场景。他头戴发带，屈膝而坐，赤裸着上身，下身穿波点图案的短裤，画面右侧的窗外月色斑斓，窗台边有一方正在燃烧的烛台。男子低着头，双手放在膝盖上，手中的卷轴垂落在地上，似乎看书劳累有些许困意。票面左上方的绶带印有“The lyf so short, the craft so long to lerne.”字样，取自英国哲学家杰弗雷·乔叟的名言，意为“生命短暂，学海无涯”。票面底部的绶带上印有藏书者的名字“ELIZABETH HARRISON”（伊丽莎白·哈里森）。

书目信息

书　　名：*More New Arabian Nights: the Dynamiter*

《续新天方夜谭：爆炸弹客》

作　　者：Robert Louis Stevenson

出 版 者：Scribner's

出版年份：1911

Harold Arthur Everett 藏书票

（尺寸：8.2 cm×12.2 cm）

藏书票介绍

此枚藏书票是一幅精致的黑白版画，票面主体是一栋以黑色为底色的两层楼房。墙壁砖纹、窗户以及门口的罗马柱及小屋顶造型平整细致，屋前平地有大面积的留白，和楼房相互衬托，给人以强烈的视觉冲击感。票面底部记录了藏书者的名字“HAROLD ARTHUR EVERETT”，以及藏书票标识“EX LIBRIS”。

哈罗德·亚瑟·埃弗雷特（Harold Arthur Everett）曾任宾夕法尼亚州立大学机械工程系主任。

书目信息

书　　名：*Elementary Calculus*
　　　　　《初等微积分》
作　　者：Frederick S. Woods
出 版 者：Ginn
出版年份：1928

Irving Lysander Foster 藏书票

（尺寸：8.3 cm×10.7 cm）

藏书票介绍

此枚藏书票主色调为黑色，矩形方框内绘有一幢西式高层建筑，周围草木茂盛，松柏掩映，风景优美。票面底部印有藏书者的名字“Irving Lysander Foster”，以及藏书票标识“Ex Libris”。

欧文·莱桑德·福斯特（Irving Lysander Foster，1870—1929）为美国宾夕法尼亚州立大学西塔（Theta）兄弟会的发起人，曾任宾夕法尼亚州立大学教授，主要研究方向是浪漫主义语言学。

书目信息

书　　名：*Doña Perfecta*

《悲翡达夫人》

作　　者：Benito Pérez Galdós

出 版 者：Ginn and Company

出版年份：1897

Kenneth Dunean 藏书票

（尺寸：6.2 cm×11.3 cm）

藏书票介绍

此枚藏书票由蓝绿色调构成，票面主体为一艘正在大海上航行的帆船，海面平静，天空蔚蓝，有几朵白云，船帆高挂，全速前进。帆船上方白色书卷上写有“Kenneth Dunean”，可知此藏书票主为肯尼思·杜内安。票面顶端印有藏书票标识“EX LIBRIS”，底部印有“TO SAIL AWAY IN FANCY”，意为“思想远航”。

书目信息

书　　名：*History of the Conquest of Mexico*：*with a Preliminary View of the Ancient Mexican Civilization*，*and the Life of the Conqueror*，*Hernando Cortez*
《墨西哥征服史：附古代墨西哥文明概览及征服者艾尔南·科尔特斯的生平》
作　　者：William Hickling Prescott
出 版 者：D. McKay
出版年份：1893

Library of the New Britain State Normal School，Mary E. Goodrich 纪念藏书票

（尺寸：7 cm ×11. 7 cm）

藏书票介绍

此枚藏书票隶属于新不列颠师范学校图书馆（Library of the New Britain State Normal School），为纪念玛丽·古德里奇（Mary E. Goodrich）而设计。票面主体绘有一位身着长袍的优雅女子，她右手捧着一摞书，左手持油灯走在小路上。路两旁种有花草树木，道路通向远处的一座钟楼建筑。

新不列颠师范学校（New Britain State Normal School）成立于 1849 年，为中康涅狄格州立大学（Central Connecticut State University）前身，是康涅狄格州历史最悠久的公立大学。玛丽·古德里奇于 1895—1920 年任该校图书馆馆长。

书目信息

书　　名：*Emma*

《艾玛》

作　　者：Jane Austen

出 版 者：Little, Brown, and Company

出版年份：1906

Lynden and Bonnie Evans 藏书票

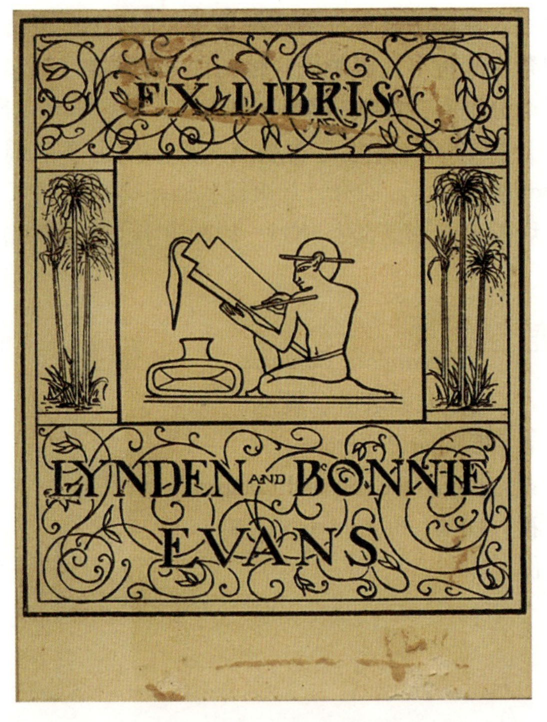

（尺寸：9.2 cm×11.9 cm）

藏书票介绍

此枚藏书票由四部分组成，票面上、下部分图案为缠枝藤蔓，样式精美，花纹雅致，分别印有“EX LIBRIS”“LYNDEN AND BONNIE EVANS”字样，表明这是埃文斯夫妇的藏书。票面中部方框内，一男子左腿跪坐，右腿弯曲，手握画笔在画板上认真画画，他的前方摆放着一个颜料壶。方框两侧分别有三棵纸莎草。

公元前 3000 年左右，古埃及人开始使用莎草纸作为当时的书写载体。

书目信息

书　　名：*The Standard Cantatas*
　　　　　《标准康塔塔全集》
作　　者：George P. Upton
出 版 者：A. C. McClurg and Company
出版年份：1893

Mrs. Leo Gettlin 藏书票

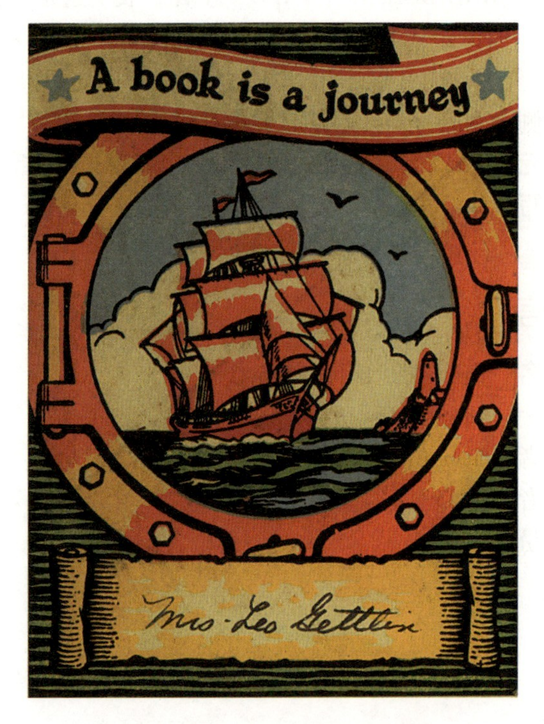

(尺寸：7.1 cm ×9.5 cm)

藏书票介绍

此枚藏书票是一幅色彩鲜艳的丝网版画，票面主体是一个圆形船用舷窗，透过窗户可看到远处一艘乘风破浪的帆船，旁边有一座灯塔，上方有蓝天白云，海鸟翱翔，船下有蓝色绿色的海浪。票面上端有一条印有“A book is a journey”字样飘动的红色彩带，两端各有一颗蓝色五角星，意为“读书犹如旅行”。下方的黄色卷轴上用钢笔书写有藏书者的名字“Mrs. Leo Gettlin”（利奥·纪特琳夫人）。

书目信息

书　　名：*The American Problem of Government*
《美国的政府问题》
作　　者：Chester Collins Maxey
出 版 者：F. S. Crofts & Co.
出版年份：1943

Mrs. Moritz Spitz 纪念藏书票

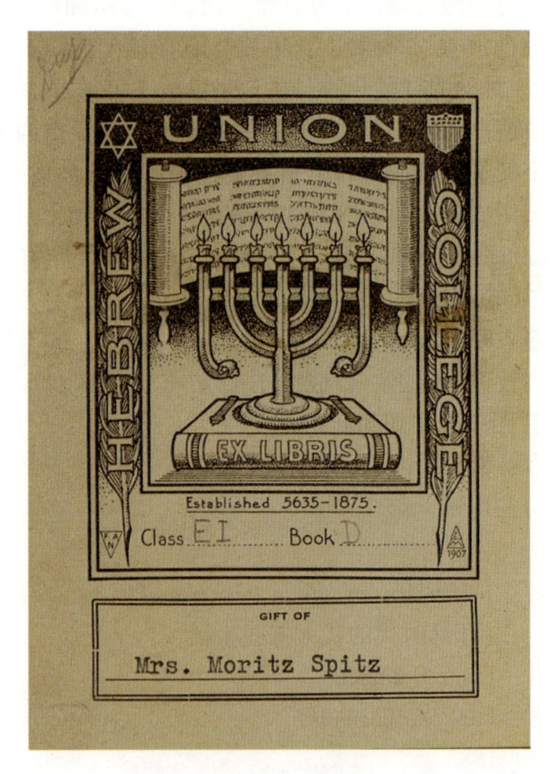

(尺寸：8.8 cm×12 cm)

藏书票介绍

这是一枚赠书藏书票。票面主体分为上、下两部分，上部分为犹太教标志——七杈烛台。七支灯节锤成花枝状，象征上帝创造天地万物的七日，左右各三支，中间一支代表安息日。烛台放在一本书上，书脊上印有藏书票标识“EX LIBRIS”。烛台前方是一幅展开的书卷（可能是希伯来圣经）。票面左上角为犹太教标志——大卫之星，由两个等边三角形交叉重叠组成。右上角是象征美国国旗的盾型徽章。图案四周印有英文“HEBREW UNION COLLEGE”，下方印有“Established 5635 - 1875”。票面下部分方框印有“GIFT OF Mrs. Moritz Spitz”，表明这是莫里茨·斯皮茨夫人赠予。

希伯来联合学院（Hebrew Union College）是美洲最古老的犹太教神学院之一，成立于 1875 年，依照犹太历则是 5635 年，图中数字即为此意。

书目信息

书　　名：*Jewish Artisan Life in the Time of Jesus*
　　　　　《耶稣时代的犹太工匠生活》
作　　者：Franz Delitzsch
出 版 者：Funk & Wagnalls
出版年份：1883

North Park College Library 赠书藏书票

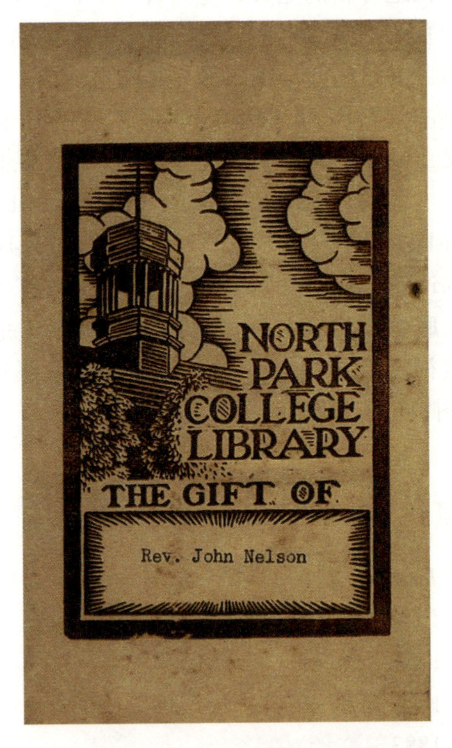

（尺寸：8.5 cm×14 cm）

藏书票介绍

此枚藏书票为一幅黑白木刻版画。票面主体是一座西式钟楼，下面绿荫葱茏，天空伴有大片的云朵。钟楼右下方印有“North Park College Library”“The Gift of”字样，表明这是北帕克学院图书馆藏书票，框内的“Rev. John Nelson”字样，表明该藏书是约翰·纳尔逊牧师赠送。

北帕克学院（North Park College），是位于美国伊利诺伊州芝加哥北帕克的一所私立大学，创立于 1891 年。

书目信息

书　　名：*How We Think*

《我们如何思考》

作　　者：John Dewey

出 版 者：D. C. Heath & Co.

出版年份：1910

Northumberland Education Committee, County Library 藏书票

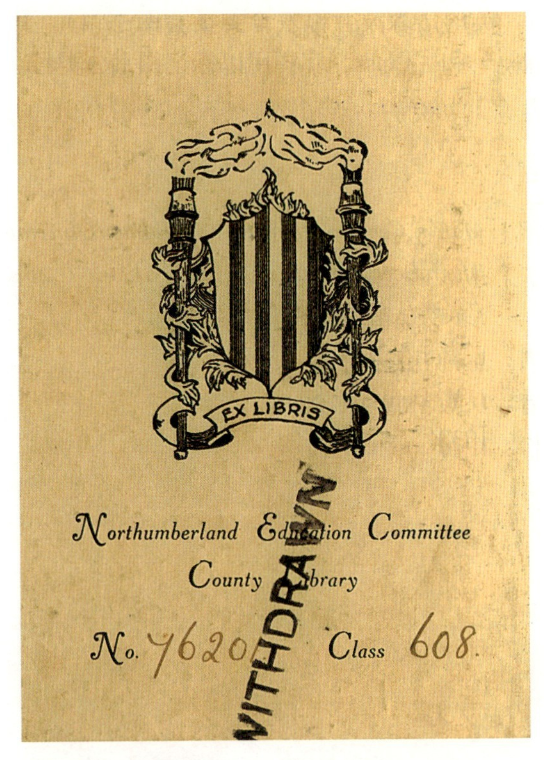

（尺寸：9.6 cm×13 cm）

藏书票介绍

此枚藏书票主体是一个盾牌型徽章，盾牌四周用叶蔓装饰，左右两端各有一支燃烧的火炬，火炬散发的烟在盾牌顶端汇聚。盾牌下方的绶带上印有藏书票标识“EX LIBRIS”。票面底部印有“Northumberland Education Committee County Library”（英国诺森波兰郡教育委员会图书馆）。其下方并排的“No.”和“Class”字样用以标记图书分类号。

书目信息

书　　名：*Man's Genius: the Story of Famous Inventions and Their Development*
《人类大智慧发明的故事》
作　　者：E. Buller Barwick
出 版 者：J. M. Dent and Sons
出版年份：1932

Ralph and Genevieve Scott 藏书票

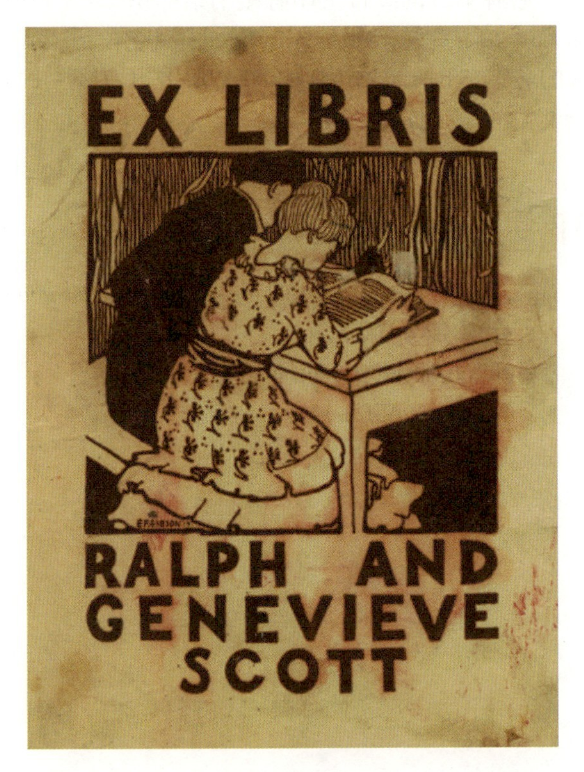

（尺寸：7 cm ×9. 7 cm）

藏书票介绍

此枚小型藏书票的主体由两位正在读书的人物构成。男士身着黑色衣服，女士身穿花纹连衣裙，两人伏案专心致志地共同读一本书。从他们的背影可以感受到他们阅读时的专注。图案上方印有藏书票标识“EX LIBRIS”，下方印有藏书票主的名字“RALPH AND GENEVIEVE SCOTT”（拉尔夫和杰纳维夫·斯科特）。

书目信息

书　　名：*The Complete Works of Ralph Waldo Emerson*
《拉尔夫·沃尔多·爱默生全集》
作　　者：Ralph Waldo Emerson
出 版 者：Houghton Mifflin
出版年份：1903

Ralph Hollingsworth Smith 藏书票

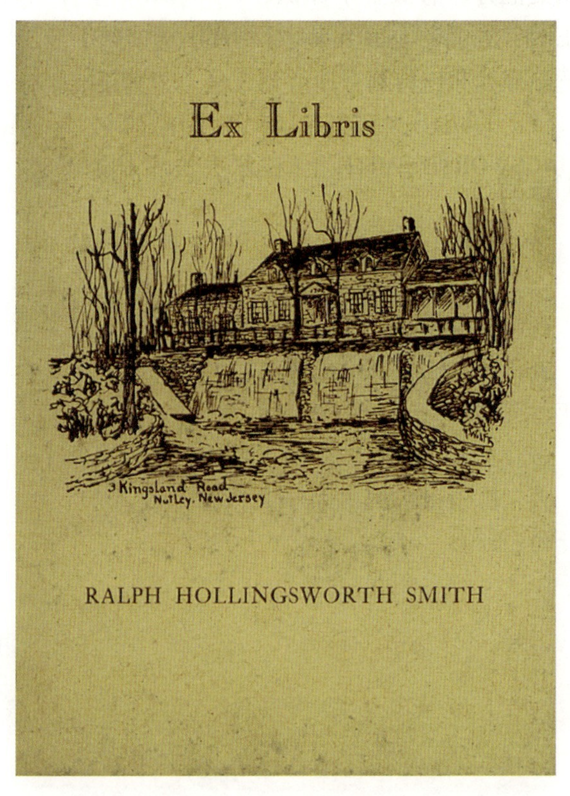

（尺寸：7.8 cm×10.6 cm）

藏书票介绍

此枚藏书票是一张精致的版画。票面主体为一幅美丽的乡村风景画：并排的三间房屋，小瀑布水流潺潺地向河流汇聚。河流两侧分别有圆形的小花坛，种着树木和花草。房屋前后树叶凋零，应该为秋冬时节。图案下方写有“3 Kingsland Road, Nutley, New Jersey”字样，表明图中的房子坐落于美国新泽西州纽特利金斯兰路3号。图案顶端印有藏书票标识“Ex Libris”，底部印有藏书者的名字“RALPH HOLLINGSWORTH SMITH”（拉尔夫·霍林斯沃思·史密斯）。

书目信息

书　　名：*The Gracchi, Marius, and Sulla*
　　　　　《格拉古兄弟、马略和苏拉》
作　　者：A. H. Beesly
出 版 者：C. Scribner's Sons
出版年份：1898

R. Pearl 藏书票

（尺寸：7 cm×12.7 cm）

藏书票介绍

此枚藏书票以六幅钢笔画来展现主题“EVOLUTIO”（演化）——上帝七天创世的故事。每幅画用拉丁文标识，分别为“DIES PRIMUS”：第一天创造了光，于是有了白天和夜晚；“DIES SECUNDUS”：第二天创造了空气；“DIES TERCIUS”：第三天创造了海洋和陆地；“DIES QUARTUS”：第四天创造了太阳、月亮以及无数星辰；“DIES QUINTUS”：第五天创造了水中的鱼类和飞鸟；“DIES SEXTUS”：第六天创造了地上的生灵和人类。票面上并没有表现第七天，因为天地万物已经造齐，第七天上帝歇息了。图案下方方框内印有藏书票主的名字“R. PEARL”。

雷蒙德·珀尔（Raymond Pearl，1879—1940），美国生物学家、人口学家和统计学家。

书目信息

书　　名：*The Dental Board of the United Kingdom: Four Lectures on "the Aetiology of Irregularity and Malocclusion of the Teeth."*
《英国牙科委员会：关于“牙齿不齐和错颌畸形的病因学”的四个讲座》
作　　者：J. C. Brash
出 版 者：The Dental Board of United Kingdom
出版年份：不详

Richard Morris Henry 藏书票（一）

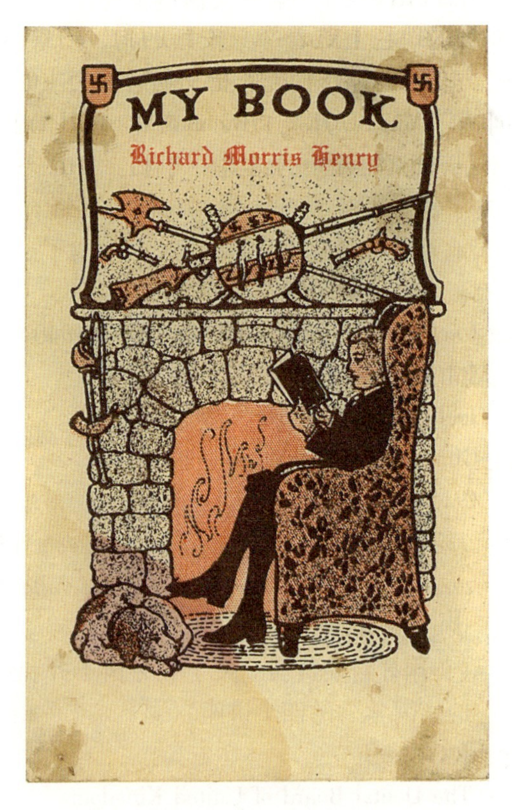

（尺寸：5.3 cm×10 cm）

藏书票介绍

此枚藏书票以橘色为主色调，票面主体是一个坐在壁炉旁阅读的男士。他西装革履，坐在沙发上手捧图书，神色平静，完全沉浸在阅读的世界。旁边的壁炉里熊熊燃烧着火焰，男士前方的地毯上趴着一只安睡的狗，场景温暖而平和。壁炉上方是一组以长柄斧、枪支与盾牌为主题的图案。图案顶端印有“MY BOOK”“Richard Morris Henry”字样，可知此藏书票属于理查德·莫里斯·亨利。

书目信息

书　　名：*Uncle Remus*：*His Songs and His Sayings*
　　　　　《雷默斯大叔：他的歌和语录》
作　　者：Joel Chandler Harris
出 版 者：Ginn and Company
出版年份：1915

Richard Morris Henry 藏书票（二）

（尺寸：5.1 cm ×8.3 cm）

藏书票介绍

此枚藏书票是一幅描述落日景象的版画：天空中挂着一轮落日，远处有陡峭的山崖和城堡，峡谷中有一湖泊；近处岸边是繁茂的树林及两位马上骑士，画风厚重隽永。版画的左下方印有藏书票标识“Ex Libris”，底部用钢笔书写了藏书者的名字：“Richard Morris Henry”（理查德·莫里斯·亨利）。

书目信息

书　　名：*The Story of Mankind*
　　　　　《人类简史》
作　　者：Hendrik Van Loon
出 版 者：Boni and Liveright
出版年份：1921

Robert Armitage 藏书票

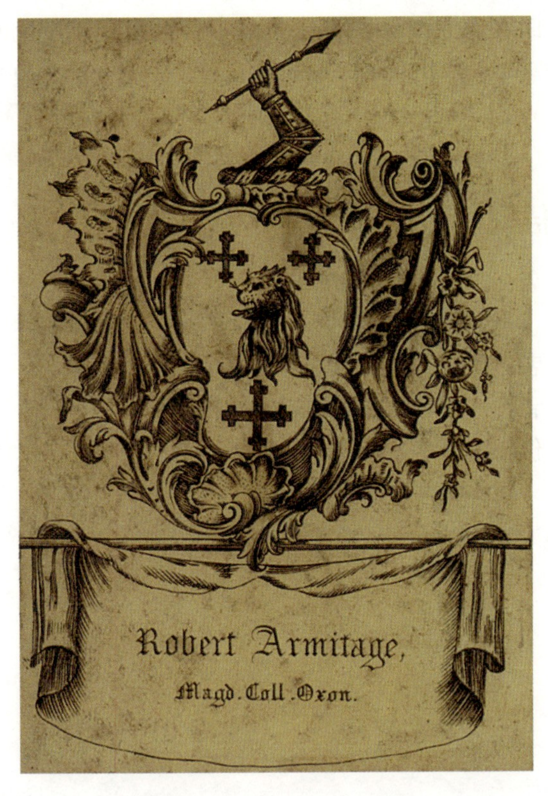

（尺寸：7.6 cm×10.8 cm）

藏书票介绍

此枚纹章型藏书票的主体是一个设计精美的徽章，最顶端是一只穿着铠甲的手臂，手里紧握一支箭簇，手臂下方的盾型徽章上绘有一只面朝左侧、伸出舌头的狮子，盾牌周边用波浪形花纹装饰。徽章下方的帘幕上印有“Robert Armitage”“Magd. Coll. Oxon.”字样。

“Magd. Coll. Oxon.”为牛津大学莫德林学院（Magdalen College，University of Oxford）的简写，相关信息显示这是牛津大学莫德林学院罗伯特·阿米蒂奇的藏书票。

书目信息

书　　名：*Logic and Life*，*with Other Sermons*
　　　　　《逻辑与生活，以及其他布道词》
作　　者：Henry Scott Holland
出 版 者：Longmans，Green and Co.
出版年份：1892

Robert Saitshick 藏书票

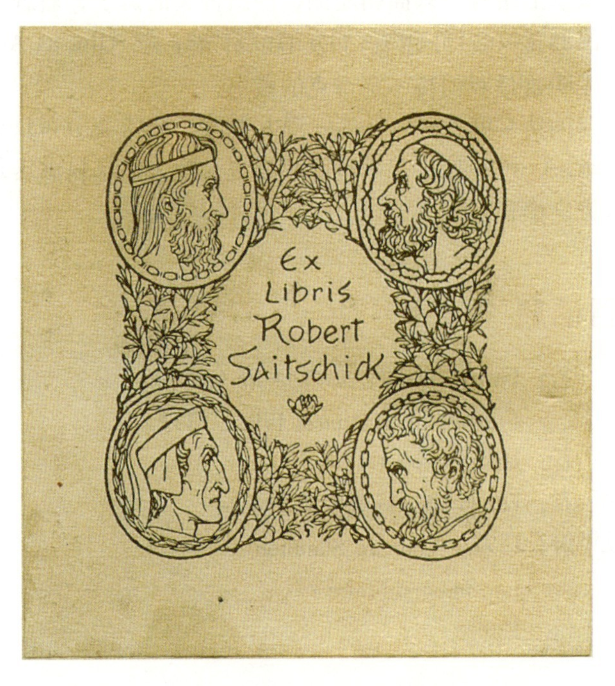

（尺寸：6.5 cm×7.1 cm）

藏书票介绍

此枚藏书票简约清新，由淡绿色线条勾勒。票面主体的四个圆形中分别绘有著名人物的头像，分别是柏拉图、圣奥古斯丁、但丁和米开朗琪罗。他们两两相对，以麦穗状图案连接。票面中心处印有“Ex Libris，Robert Saitschick”字样，表明这是罗伯特·赛奇克的藏书。

罗伯特·赛奇克（Robert Saitschick，1868—1965）是瑞士哲学家，曾在瑞士苏黎世联邦理工学院、德国科隆大学担任教授。

书目信息

书　　名：*Voyage Dans L'intérieur de la Chine*, *et en Tartarie*, *Fait Dans Les Années* 1792, 1793 *et* 1794, *par Lord Macartney*

《英使谒见乾隆纪实》

作　　者：George Leonard Staunton

出 版 者：Imprimeur-libraire

出版年份：1798

The Egbert Starr Library, Middlebury College 藏书票

（尺寸：7.5 cm×11.9 cm）

藏书票介绍

此枚藏书票的主体由上下两个矩形方框构成，上边的方框内顶端印有“MIDDLEBURY COLLEGE”（明德学院）和一个有三层塔楼的圆形小图。文字下方是一座雄伟的建筑，几级台阶通往大门，大门左右两侧各立有罗马柱，大气庄严。建筑物下方的绶带上印有“THE EGBERT STARR LIBRARY”，表明这是明德学院埃格伯特斯塔尔图书馆的藏书。下边的方框内绘有明德学院的校徽，校徽中央是一本翻开的图书，由两个圆圈环绕，外圈印有“COLL. MED. VIRID. MON 1800”，表明明德学院位于美国佛蒙特州明德镇，创立于 1800 年；内圈印有明德学院拉丁文校训“SCIENTIA. ET. VIRTUS”，意为“知识与美德”。

明德学院是美国著名的文理学院，是美国最古老的高等学府之一。

书目信息

书　　名：*The Principles of Physical Education*
《体育教学原则》
作　　者：Jesse Feiring Williams
出 版 者：W. B. Saunders Company
出版年份：1927

The Gladstone Memorial Prize 藏书票

（尺寸：9 cm×14.7 cm）

藏书票介绍

这是一枚元素丰富的纹章型藏书票。票面主体由三部分组成，项端印有“THE GLADSTONE MEMORIAL PRIZE”，意为“格莱斯顿纪念奖章”。中部为一组由老鹰、盾牌、枯枝、绶带构成的复杂纹章。纹章居中站着一只目光坚定、手持宝剑和橄榄枝的雄鹰，左右各有一只衔着绶带的雄鹰，绶带左边印有拉丁文箴言“FIDE ET VIRTUTE”，意为“信仰与勇气”，右边印有“WILLIAM EWART GLADSTONE”，应为纹章所属者姓名。盾牌中间印有人像图案，四周环绕着和平鸽。盾牌左侧站立着一只雄鹰，神色凝重淡定，仿佛若有所思。下部是展开的卷轴，四周卷曲处分别印有“AWARDED TO”“ECONOMICS”“HISTORY”“POLITICAL SCIENCE”，即格莱斯顿纪念奖章授予在经济、历史和政治学等领域成就卓越的人士。卷轴正中写有藏书票主的名字“Jres W. Wilson”及时间“1911”字样。故推测威尔森在1911 年曾获得该奖章。

威廉·尤尔特·格莱斯顿（William Ewart Gladstone，1809—1898），英国自由主义政治家，曾四次出任英国首相。

书目信息

书　　名：*The Development of Greek Philosophy*
　　　　　《希腊哲学发展史》
作　　者：Robert Adamson
出 版 者：William Blackwood
出版年份：1908

The People of the United States of America 藏书票

（尺寸：10. 2 cm ×4. 2 cm）

藏书票介绍

此枚藏书票主图为美国的国徽图案，底色为墨绿色。国徽主体是白头海雕，是力量、勇气、自由和不朽的象征。白头海雕展开双翅，左爪抓着象征和平的橄榄枝，右爪则抓着象征武力的箭，它嘴里叼着的绶带上写有拉丁文格言“E Pluribus Unum”（合众为一）。上方的顶冠内镶着 13 颗五角星，象征美国成立之初的 13 个州。图案右侧印有“from the People of the United Sates of America”字样，表明该书为美国民众所赠，体现了民国时期的中美民间文化交流。

书目信息

书　　名：*Handbook of Criminal Law*
　　　　　《刑法手册》
作　　者：Justin Miller
出 版 者：West Publishing Co.
出版年份：1934

The Peter Alldred Memorial Library of the University of Pittsburgh 藏书票

（尺寸：9 cm×11.5 cm）

藏书票介绍

此枚藏书票为黑白木刻版画，描绘了书籍的制作过程。从右上角起顺时针各小图依次为抄纸、排字、印刷、锁线装订、抄书等与图书制作相关的场景。左侧小图呈现的是西方古代藏书室和药房。票面中心印有“The Peter Alldred Memorial Library of the University of Pittsburgh”字样，表明这是匹兹堡大学彼得·奥德瑞德纪念图书馆的藏书票。

书目信息

书　　名：*Precious Bane*
　　　　　《十足的祸端》
作　　者：Webb，Mary Gladys Meredith
出 版 者：E. P Dutton
出版年份：1929

The University of Liverpool 藏书票

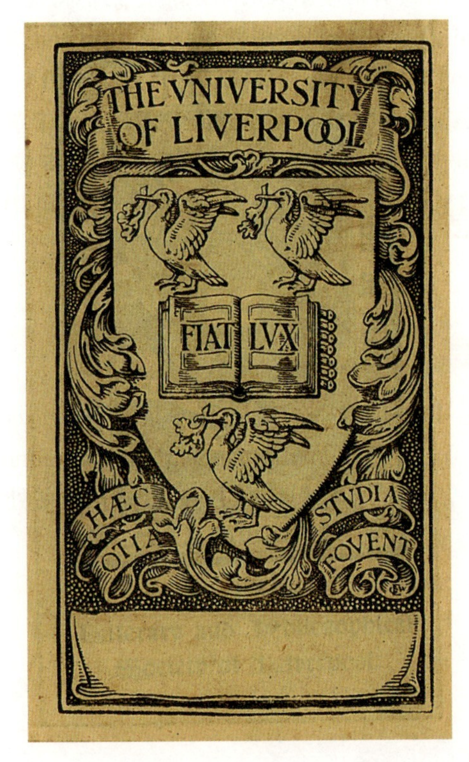

(尺寸：8. 1 cm×13. 2 cm)

藏书票介绍

此为英国利物浦大学藏书票。票面主体为该校的校徽图案：中心盾型面上绘有一本翻开的书籍，写有“FIAT LVX”字样，拉丁语意为“要有光”。书籍上、下端列有三只利物鸟（liver bird），盾牌四周用繁茂的羽状叶子装饰，下方绶带印有拉丁文校训：“HAEC OTIA STUDIA FOVENT”（These days of peace foster learning），意为“宁静的岁月最适宜增长见识/知识照亮道路”。票面顶端印有校名：“THE UNIVERSITY OF LIVERPOOL”，底部空白处可用于书写藏书信息。

书目信息

书　　名：*Annual Report of the Bureau of American Ethnology to the Secretary of the Smithsonian Institution*
《美国民族学局给史密森学会秘书处的年度报告》

作　　者：Smithsonian Institution.

出 版 者：G. P. O.

出版年份：1893

通用型藏书票（一）

（尺寸：8.3 cm×11.3 cm）

藏书票介绍

此枚藏书票是一幅彩色版画，使用了中黄、土黄、大红、中绿及蓝灰，背景黑色。票面主体是一座石雕花盆式喷泉，一个身穿红衣蓝裤的黄发小男孩，半跪在盆上尝试饮泉，喷泉上爬满五彩斑斓的藤蔓绿叶，寓意书籍是人类知识的源泉。画面下方印有藏书票标识“EX LIBRIS”字样，没有标识藏书者姓名，表明这是一张通用型藏书票。

书目信息

书　　名：*Teaching Wholesome Living in the Elementary School*
《小学健康生活教育》
作　　者：Alma A. Dobbs
出 版 者：A. S. Barnes & Company
出版年份：1939

通用型藏书票（二）

（尺寸：5.6 cm×7.5 cm）

藏书票介绍

此枚藏书票为一幅木刻版画：一个骑骏马、手握黑鹰旗帜、身着铠甲准备出征的骑士，骑士的身后是一座中世纪城堡。版画顶端印有“EX LIBRIS”字样，但并未标识藏书者的名字，表明这是一张通用型藏书票。在票面上贴有“LINGNAN WESTERN SCHOOL”字样的纸条，据此可知这是岭南西文学校的藏书。

书目信息

书　　名：*Flag of Our Hearts*
　　　　　《心之旗帜》
作　　者：Benito Pérez Galdós
出 版 者：Ginn and Company
出版年份：1927

War Service Library 藏书票

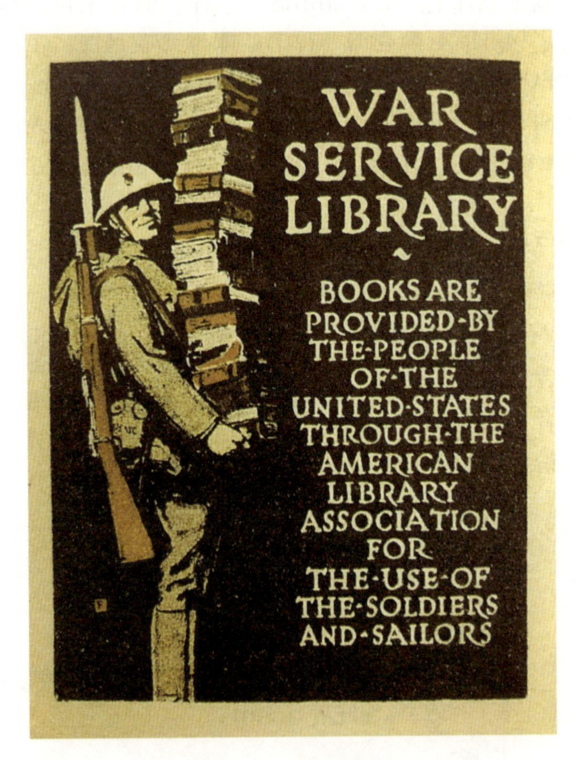

(尺寸：6.7 cm×8.3 cm)

藏书票介绍

此为“一战”时期美国“War Service Library”（战时服务图书馆）使用的一枚藏书票，用于国民为本国参军之人所捐赠的图书。画面左侧一名士兵头戴钢盔，背挎长枪，脚穿长靴，双手捧着高高的一摞书，眼神充满自信。士兵右侧印有“BOOKS ARE PROVIDED BY THE PEOPLE OF THE UNITED STATES, THROUGH THE AMERICAN LIBRARY ASSOCIATION FOR THE USE OF THE SOLDIERS AND SAILORS”字样，表明该图书来自美国图书馆协会。

1917 年，美国图书馆协会（American Library Association，简称 ALA）成立战时服务委员会（War Service committee），为在国内训练和在欧洲服役的美国士兵和水手提供书籍。

书目信息

书　　名：*Dairy Technology*：*Treating of Market Milk and Ice Cream*

《乳品技术：市售鲜奶和冰激凌的处理》

作　　者：Christion Larsen

出 版 者：J. Wiley & Sons

出版年份：1913

Willam Henry Grant 藏书票

FROM THE LIBRARY
of
WILLIAM HENRY GRANT
Friend of China

Presented by the relatives of
Mr. Grant after his death on
November 3, 1933

（尺寸：12. 8 cm ×7. 1 cm）

藏书票介绍

此枚藏书票主体简洁，无图案。票面印有“FROM THE LIBRARY of WILLIAM HENRY GRANT，Friend of China”“Presented by the relatives of Mr. Grant after his death on November 3，1933”字样，表明此藏书票的票主是中国的朋友，名为威廉·亨利·格兰特。

格兰特（William Henry Grant）曾任格致书院（岭南大学前身）纽约董事局书记兼司库。今中山大学康乐园东北区的格兰堂（Grant Hall）乃以其名字命名。

书目信息

书　　名：*The Problem of Asia and its Effect upon International Policies*

《亚洲问题及其对国际政策的影响》

作　　者：A. T. Mahan

出 版 者：Little，Brown and Company

出版年份：1900

Wilson S. Howell 藏书票

（尺寸：6.5 cm×9.4 cm）

藏书票介绍

此枚藏书票的主体图案是一面高耸入云的船帆。船帆有三层，已达云霄的顶端立有一面旗帜，迎风飘扬。船帆底部为一盏马灯，马灯上印有藏书票标识“EX-LIBRIS”，以及藏书票主的名字“WILSON. S. HOWELL”，两侧分别绘有张牙舞爪的龙，代表了勇于探险的精神。

威尔逊·斯托特·豪威尔（Wilson Stout Howell, 1855—1943），电气工程师，早期他曾与托马斯·爱迪生在门罗公园合作过。

书目信息

书　　名：*Chinese Legends and Other Poems*

《中国传说与其他诗歌》

作　　者：W. A. P. Martin

出 版 者：Kelley & Walsh

出版年份：1894

Wm. Warder Cadbury 藏书票

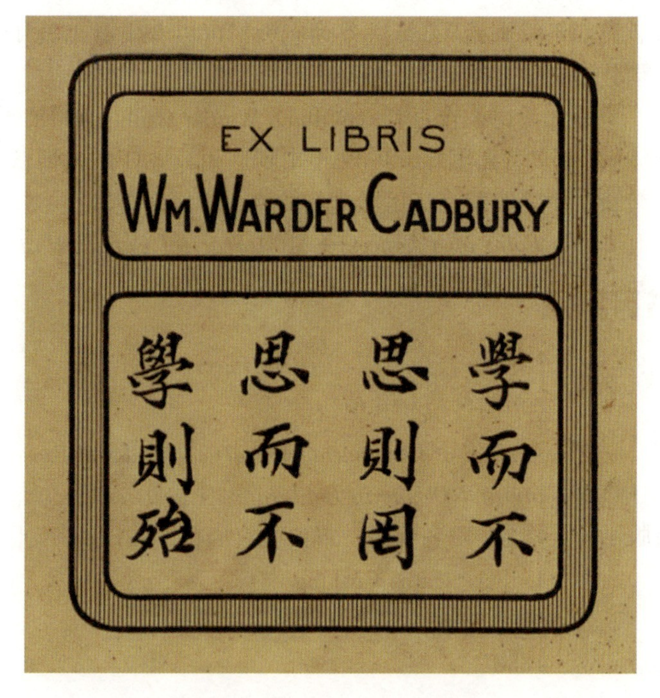

(尺寸：8. 5 cm ×8. 8 cm)

藏书票介绍

此枚藏书票设计简洁，上部矩形框内印有“EX LIBRIS WM. WARDER CADBURY”字样，可知藏书票主为威廉·沃德·吉百利。下部矩形框内写有孔子名言“学而不思则罔，思而不学则殆”，笔法苍劲有力，可以看出藏书票主对中国传统文化之热爱。

威廉·沃德·吉百利（William Warder Cadbury，1877—1959），中文名嘉惠霖，1909 年来到广州，曾任广州博济医院院长，博济医院南华医学堂和岭南大学医学院教授，代表作有 *At the Point of a Lancet*——100 *Years of Canton Hospital* 1835—1935（《博济医院百年史（1835—1935）》）。

书目信息

书　　名：*Manual of Parliamentary Practice*：*Rules of Proceeding and Debate in Deliberative Assemblies*
《议会实务手册：审议会议的程序和辩论规则》
作　　者：Luther Stearns Cushing
出 版 者：M. J. Ivers & Co.
出版年份：1886

西文藏书票

（1952年后入藏）

中山大学图书馆通过国际捐赠渠道陆续建立起主题鲜明、内容丰富的外文文献特藏。2004年，在中山大学80周年校庆之际，美国哈佛大学将哈佛学院下属的喜乐斯图书馆（The Hilles Library）约15万册西文藏书全部捐赠给中山大学；2012年，明史和中西文化交流史研究专家陈纶绪博士近3万册西文藏书入藏中山大学；2015年，美国加州大学洛杉矶分校将9万余册人文社会科学西文图书捐赠给中山大学。这些西文赠书中蕴藏着众多机构与私人藏书票，类型多样，题材广泛，中西兼具，美不胜收，成为中山大学国际学术交流与合作的时代缩影。

Bertha May Boody 纪念藏书票

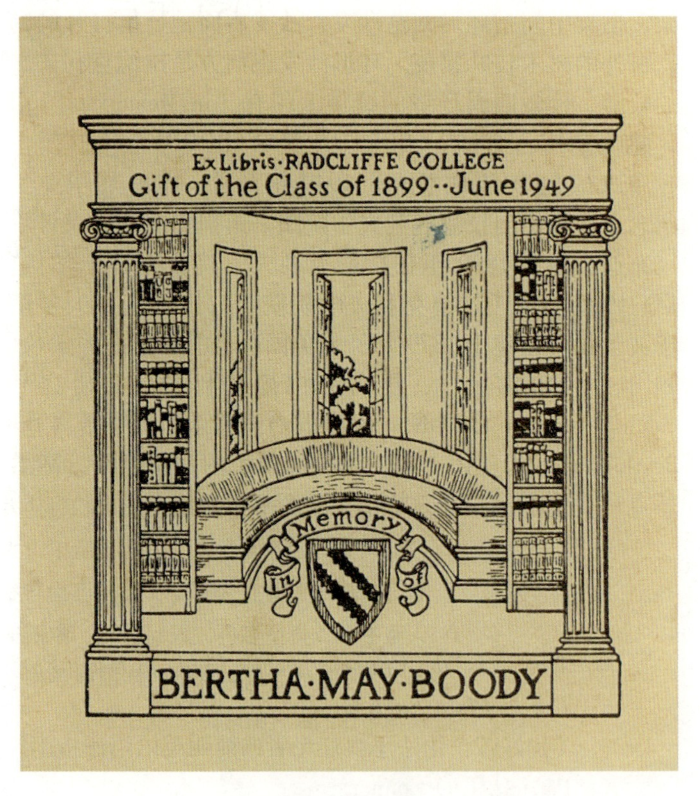

（尺寸：6 cm×8 cm）

藏书票介绍

此枚藏书票的主体是一座古希腊建筑风格的图书馆，门楣上印有“Ex Libris · RADCLIFFE COLLEGE Gift of the Class of 1899 ·· June 1949”。两侧的罗马柱旁各有一列摆满书的书架，书架中间是环形阅览沙发，沙发后面是三扇打开的窗户，窗外的树木枝叶繁茂。环形沙发正前方是拉德克利夫学院的校徽，校徽四周环绕的绶带上印有“in Memory of”字样，建筑基座上印有“BERTHA MAY BOODY”（柏莎·梅·布迪），可知该藏书票为1949年6月，1899届毕业生为纪念布迪小姐向拉德克利夫学院图书馆捐赠图书所设计。

布迪小姐于1899年在拉德克利夫学院获得学士学位，1914—1920年担任拉德克利夫学院院长。拉德克利夫学院位于波士顿，创建于1879年，是美国著名的女子高等学校。1999年并入哈佛大学，更名为拉德克利夫高等研究院（Radcliffe Institute for Advanced Study）。喜乐斯图书馆（The Hilles Library）为拉德克利夫学院的两个图书馆之一，随着拉德克利夫学院一起并入哈佛大学图书馆系统。

书目信息

书　　名：*Woe is I: the Grammarphobe's Guide to better English in Plain English*

《我好苦：语法恐惧症患者的简明英语语法指南》

作　　者：Patricia T. O'Conner.

出 版 者：Putnam

出版年份：1996

Charlotte Farrington Babcock 纪念藏书票

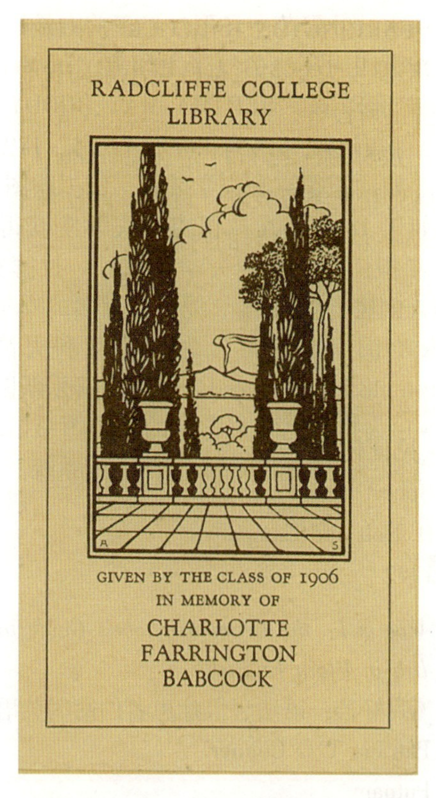

(尺寸：6.4 cm×11.6 cm)

藏书票介绍

此枚藏书票的主体为一幅怡人的风景画。从观景台上眺望，近处为两丛高大的针叶松，远处可见树丛和平静的水面以及绵长起伏的山坡，天上白云朵朵，鸟儿在飞翔。图案下印有“GIVEN BY THE CLASS OF 1906 IN MEMORY OF CHARLOTTE FARRINGTON BABCOCK”字样，可知该藏书票为 1906 届毕业生为纪念巴布科克小姐向拉德克利夫学院图书馆捐赠图书所设计。

夏洛特·法林顿·巴布科克（Charlotte Farrington Babcock）是拉德克利夫学院校友，诗人，此枚藏书票的图案选自其诗集 *Echoes*（《回声》）的封面。

书目信息

书　　名：*A Witness Tree*
　　　　　《见证树》
作　　者：Robert Frost
出 版 者：H. Holt and Company
出版年份：1942

C. M. Brookfield 藏书票

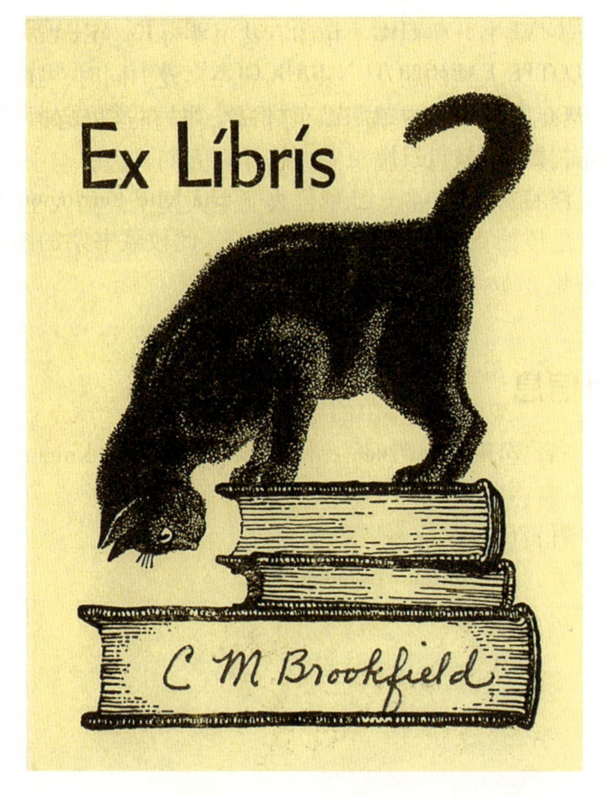

（尺寸：7. 7 cm ×10. 1 cm）

藏书票介绍

此枚藏书票的主体是三本精装书与一只黑猫。黑猫站立在书本上，尾巴高高翘起，低下头好奇地注视着书。最底部的书口上手写有“C. M. Brookfield”字样，表明这是布鲁克菲尔德的藏书。票面左上角印有藏书票标识“Ex Libris”。

猫作为人类的朋友，深受人们的喜爱。同时，猫通常在夜晚活动，又有“夜猫子”等俗称，猫在这里有通宵达旦且刻苦读书的意思。猫忠实地陪伴在人们身边，与书籍一起又展现出活泼灵动的生动感，表明主人是个爱猫人士。

书目信息

书　　名：*Kierkegaard's Dialectic of Existence*
　　　　　《克尔凯郭尔的生存辩证法》
作　　者：Hermann Diem; translated by Harold Knight
出 版 者：Oliver and Boyd
出版年份：1959

Daniel Day Williams 藏书票

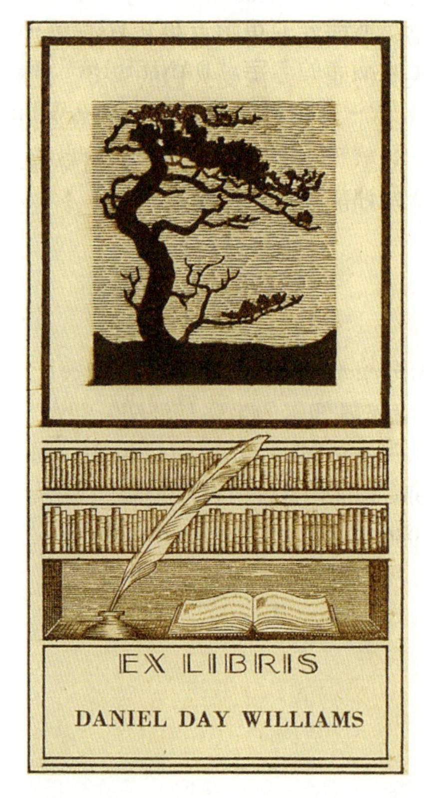

（尺寸：4 cm ×7 cm）

藏书票介绍

此枚藏书票由三部分组成，上部分是一幅镜框画，一棵傲立在山上的松树，枝干多变，曲中有直，挺拔刚毅。中间是摆满书籍的书架，底层放有一本摊开的图书与一个插着鹅毛笔的墨水瓶。下部分的矩形方框内印有藏书票标识“EX LIBRIS”以及收藏者的名字“DANIEL DAY WILLIAMS”。

丹尼尔·戴·威廉姆斯（Daniel Day Williams，1910—1973），神学家、教授和作家，曾在芝加哥大学、芝加哥神学院、纽约联合神学院任职。

书目信息

书　　名：*The Meaning of Meaning：A Study of the Influence of Language upon Thought and of the Science of Symbolism*
《意义的意义：语言对思想的影响和符号意义科学的研究》
作　　者：C. K. Ogden
出 版 者：Kegan Paul，Trench，Trübner
出版年份：1944

Department of Psychology Staff Library, University of California Los Angeles 藏书票

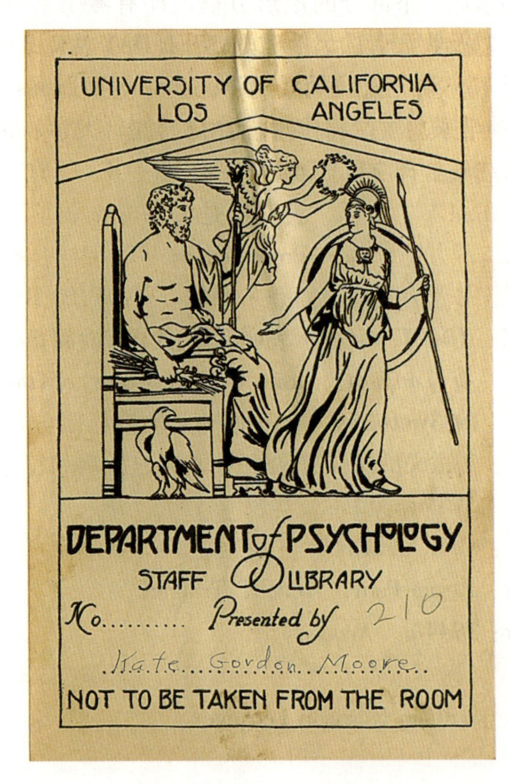

(尺寸：10.8 cm×16.5 cm)

藏书票介绍

此为加州大学洛杉矶分校藏书票，票面主体展现了一幅希腊神话题材的人物素描画。票面顶端印有“UNIVERSITY OF CALIFORNIA LOS ANGELES”字样。左边端坐的是古希腊神话中的天神宙斯，他手持闪电权杖，目视着一个小天使将橄榄枝花冠授予他的女儿雅典娜，他身旁站立着一只鹰。雅典娜头戴盔冠，身披铠甲，手执长矛，注视他的父亲，似与其告别。雅典娜是古希腊神话中的智慧、战争和艺术女神。图案下方印有“DEPARTMENT OF PSYCHOLOGY STAFF LIBRARY”字样，表明这是心理学系职工图书馆的藏书票。其下方的“No…Presented by…”字样，根据手写文字可知赠书者为凯特·高登·摩尔。“NOT TO BE TAKEN FROM THE ROOM”字样，表明此书仅限馆内阅览。

凯特·高登·摩尔（Kate Gordon Moore，1878—1963）心理学家，1933—1935 年担任加州大学洛杉矶分校心理学系主任。

书目信息

书　　名：*The Navy Reader*
　　　　　《海军读本》
作　　者：William Harrison Fetridge
出 版 者：The Bobbs-Merrill Company
出版年份：1943

Dwight C. Stewart 藏书票

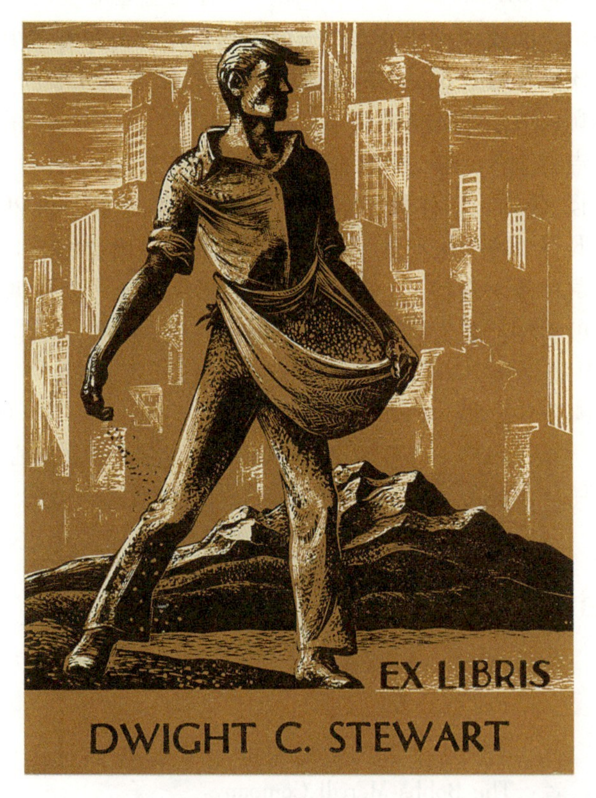

（尺寸：8 cm×10 cm）

藏书票介绍

此枚藏书票的主体是一个在地里播种的男子。他身材高大，双腿开立，目视远方，腰间有一个装满种子的包裹，他用右手将种子播撒在地上，远处是一些低矮的丘陵，更远方则是虚化的鳞次栉比的高楼大厦。男子左脚边印有藏书票标识“EX LIBRIS”。票面底部印有藏书主人的名字“DWIGHT C. STEWART”。

德怀特·C. 斯图尔特（Dwight C. Stewart，1930—2006），牧师，曾任教于库尔弗－斯托克顿学院、波士顿大学和联合学院、米德威学院。这枚藏书票是由美国著名木刻版画家林德·沃德（Lynd Ward，1905—1985）创作的系列藏书票之一，名为“创造（Creation）”。

书目信息

书　　名：*Philosophy of Religion*
　　　　　《宗教哲学》
作　　者：George L. Abernethy
出 版 者：Macmillan
出版年份：1962

Elizabeth Briggs 藏书票

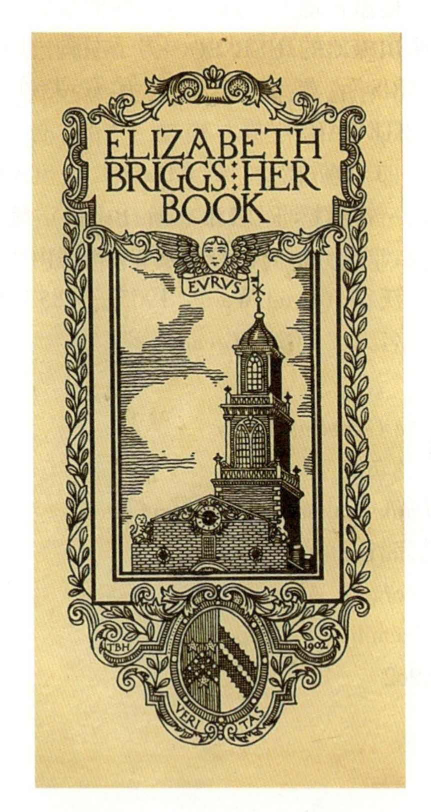

（尺寸：7 cm×13 cm）

藏书票介绍

此枚藏书票的主体为波士顿标志性建筑——老州议会大厦（The Old State House），建筑上方绘有天使和“EURUS”字样，即为古希腊神话中的东风神欧洛斯。票面上方印有“ELIZABETH BRIGGS：HER BOOK”字样，表明这是伊丽莎白·布里格斯的藏书。票面下方为拉德克利夫学院（Radcliffe College）的校徽，校徽上印有该学院的校训“VERITAS”，即“真理”。

伊丽莎白·布里格斯（Elizabeth Briggs）是拉德克利夫学院 1887 届毕业生，曾向母校图书馆捐赠藏书。

书目信息

书　　名：*The Compleat Angler*
　　　　　《钓鱼高手》
作　　者：Izaak Walton and Charles Cotton
出 版 者：John Lane
出版年份：1897

Elizabeth Spencer Bouton 纪念藏书票

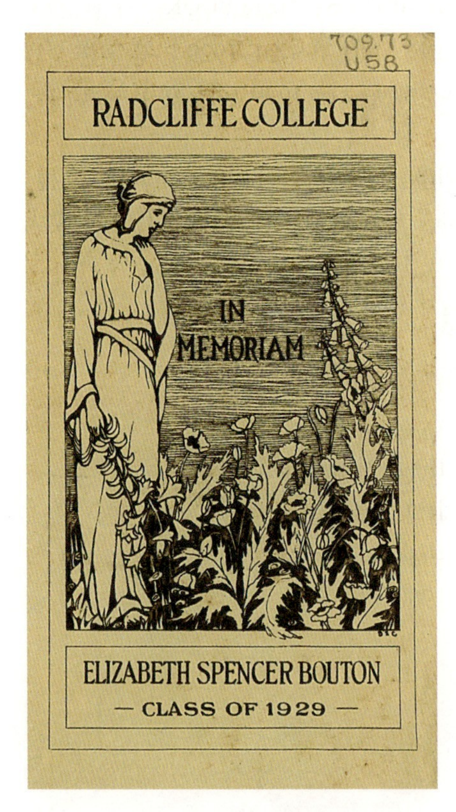

（尺寸：8 cm×14 cm）

藏书票介绍

此枚藏书票属于拉德克利夫学院。票面主体是一名女子身着长裙优雅地站在花丛之中，她的身旁绘有蓬勃生长的风铃草，散发着和欣欣向荣的气息。票面上分别印有“RADCLIFFE COLLEGE”“IN MEMORIAM”“ELIZABETH SPENCER BOUTON”“CLASS OF 1929”等字样，表明这是一枚为纪念拉德克利夫学院 1929 届校友伊丽莎白 · 斯宾塞 · 布顿的藏书票。

布顿（Elizabeth Spencer Bouton）是拉德克利夫学院 1929 届学生，专攻美术，1927 年 8 月在完成大二学业后不幸病逝，年仅 18 岁。

书目信息

书　　名：*University Prints*
　　　　　《大学印刷品》
作　　者：H. H. Powers
出 版 者：University Prints
出版年份：1900

Georg Altman 藏书票

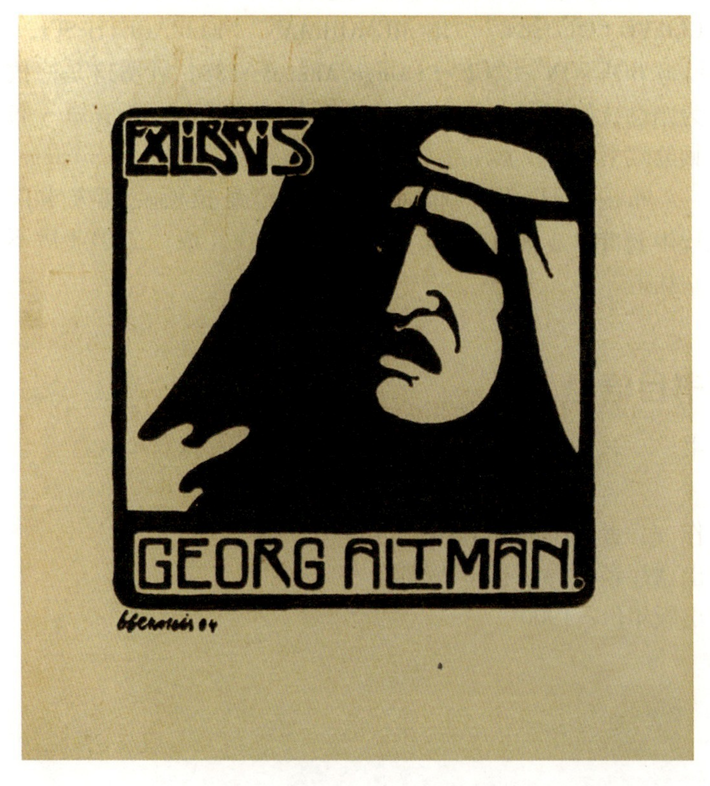

（尺寸：7.0 cm×7.6 cm）

藏书票介绍

此枚藏书票为一幅简洁的黑白版画。版画中是一个戴帽子的男子头像，光照使得人物脸部右侧和左侧形成强烈的明暗对比。版画左上角印有藏书票标识“EX LIBRIS”。下方则是藏书者的名字“GEORG ALTMAN”。

乔治·奥尔特曼（George Altman，1884—1962），德国戏剧制作人和导演。曾出版 *Theater Pictorial*：*A History of World Theater as Recorded in Drawings*，*Paintings*，*Engravings*，*and Photgraphs*（《戏剧画报：记录在绘画、绘画、雕刻和照片中的世界戏剧史》）。

书目信息

书　　名：*Darling of Misfortune*：*Edwin Booth*：1833—1893
　　　　　《不幸的宠儿：埃德温·布斯（1833 - 1893）》
作　　者：Richard Lockridge
出 版 者：Century Co.，Ltd.
出版年份：1932

Hammond Library of the Chicago Theological Seminary 藏书票

（尺寸：7 cm×11 cm）

藏书票介绍

此枚藏书票的主体由一座教堂建筑图案和文字组成，文字是英文花体字“HAMMOND LIBRARY of the CHICAGO THEOLOGICAL SEMINARY”“The J. W. Morris Fund”，表明这是莫里斯基金会向芝加哥神学院图书馆捐赠的图书。

芝加哥神学院成立于 1855 年，是芝加哥市最古老的高等教育机构，是隶属于基督教联合教会的六所神学院之一。

书目信息

书　　名：*Christianity and Philosophy*
　　　　　《基督教与哲学》
作　　者：D. Miall Edwards
出 版 者：T. & T. Clark
出版年份：1932

Ingle Barr 藏书票

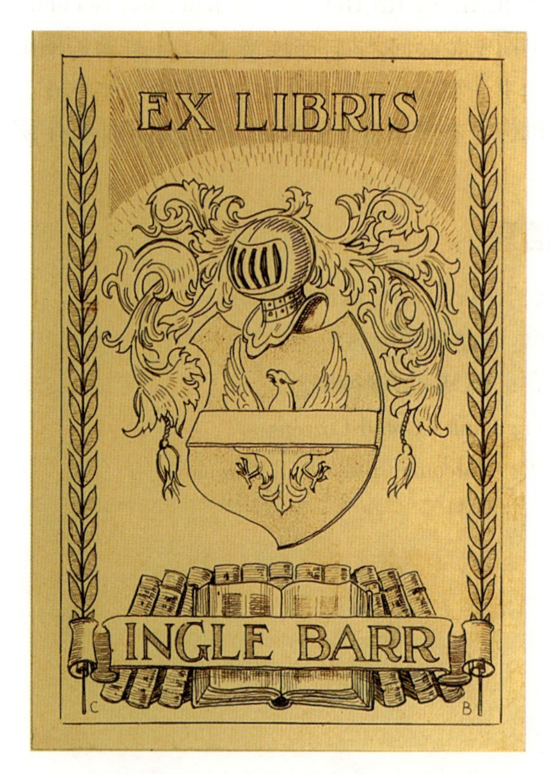

（尺寸：7.4 cm×10.4 cm）

藏书票介绍

此枚藏书票以黄色为色调。票面元素丰富，左右两边各有一串麦穗状花纹装饰，上方印有藏书票标识“EX LIBRIS”字样，下方印有藏书者的名字“INGLE BARR”（英格尔·巴尔），名字后面摆放着一排图书，中间是一本展开的图书。票面中间是巴尔家族的徽章，盾徽中心是一只展翅的鹰，上有露出侧面的头盔，华丽的羽饰延展到盾徽下方。

书目信息

书　　名：*S. S. San Pedro*
　　　　　《*S. S.* 圣佩德罗》
作　　者：James Gould Cozzens
出 版 者：Harcourt, Brace and Company
出版年份：1931

Irene and Edmund Andrews 藏书票

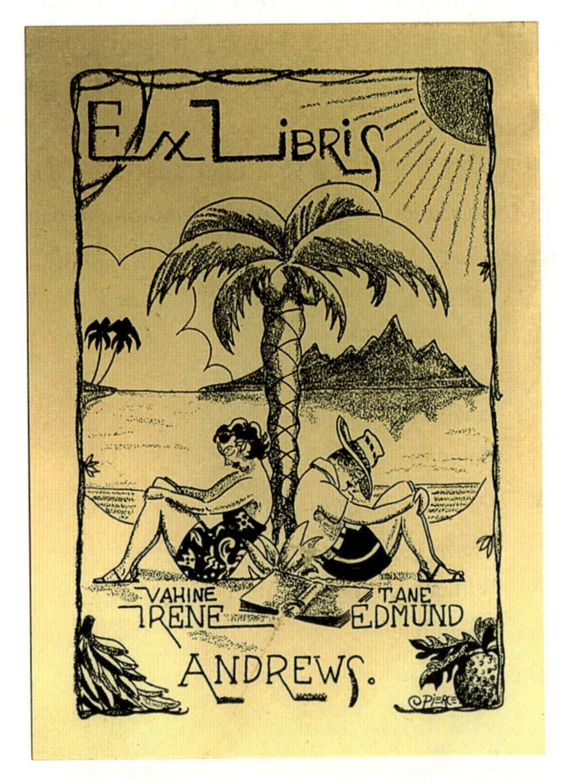

（尺寸：8.2 cm×11.5 cm）

藏书票介绍

此枚藏书票是一幅铅笔素描画，票面主体描绘的是热带海滩风景。烈日之下，穿着休闲衣服的男士和女士在沙滩上正背靠在一棵棕榈树下打盹，旁边有一本摊开的书籍。远处是一座海岛，画框底部两角分别画有热带水果香蕉和菠萝，呈现了一派有趣的热带夏日风光。画的左上角印有藏书票标识“EX LIBRIS”字样。

艾琳和埃德蒙·安德鲁斯（Irene and Edmund Andrews）出版了 *A Comparative Dictionary of the Tahitian Language*（《塔希提语比较词典》），图中的单词即来自塔希提语，“Vahine”意为“波利尼西亚女人”，而“Tane”指的是塔希提神。

书目信息

书　　名：*Irish Literary Portraits*
　　　　　《爱尔兰文学巨擘相》
作　　者：William Kirkpatrick Magee
出 版 者：Macmillan
出版年份：1935

Irene D. Pace 藏书票

（尺寸：10.3 cm×16.6 cm）

藏书票介绍

此枚藏书票描绘了一艘在海上航行的帆船，船帆鼓满，正在奋力前行的景象。帆船周围有许多凶猛怪兽，似要吞没帆船，给整个画面营造了神话色彩。画面的右上角印有“NAVIGATION”，意为“航行”，这艘帆船正在大海的波涛诡谲中奋力航行，展现出一种不屈的精神。图案下方印有“Ex libris”以及藏书票主的名字“IRENE D. PACE”。

佩斯夫人，原名艾琳·格林·德温（Irene Greene Dwen，1892—1962），美国女作家，著有 *Owners of Books*（《书的主人》），*Latitude* 18 *South*（《南纬 18 度》）等，同时也是藏书家和藏书票收藏家。

书目信息

书　　名：*Plain and Fancy*：*a Musical Comedy*
　　　　　《简单与幻想：音乐剧》
作　　者：Albert Hague
出 版 者：Random House
出版年份：1955

Irene Dwen Pace 藏书票

（尺寸：9. 4 cm ×13. 4 cm）

藏书票介绍

此枚藏书票是一幅有中国水墨山水意境的蚀刻版画。几棵松树傲立在悬崖峭壁之上，一条张开翅膀的龙从悬崖的山洞中探出身，眺望远方，气势威猛。画面远处依稀可见高低起伏的群山。版画的左下方写有藏书票标识“EX LIBRIS”字样，底部是藏书者的名字“IRENE DWEN PACE”，是佩斯夫人系列藏书票之一。版画的右侧和票面下方还有设计者的名字及其手写签名“Fritz Bötel”。

弗里茨·波特尔（Fritz Bötel，1896—1984），德国画家、平面艺术家，1920 年起开始设计藏书票。

书目信息

书　　名：*Delights for Ladies*
　　　　　《女士的乐趣》
作　　者：Hugh Plat
出 版 者：Lockwood
出版年份：1948

Isabel Gamble 藏书票

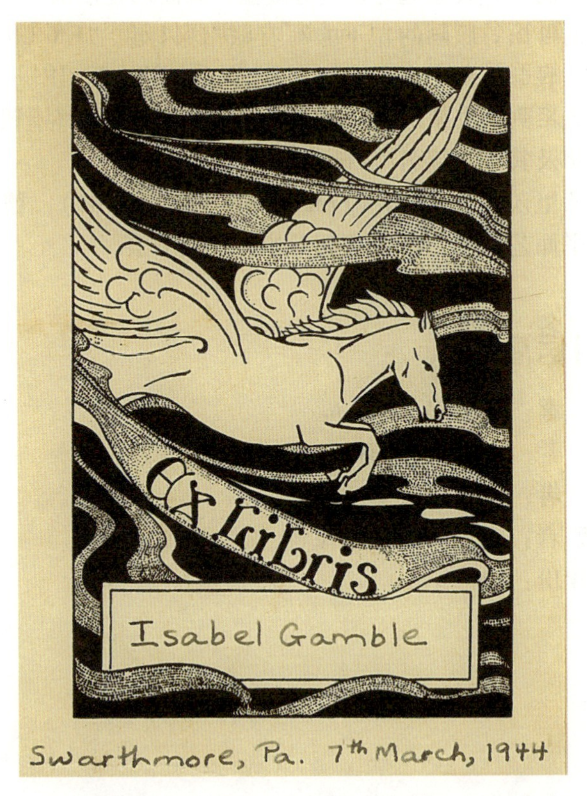

（尺寸：7.6 cm×10 cm）

藏书票介绍

此枚藏书票的主体为一匹展翅奔腾的天马，画面中穿插着麻灰色条状物，犹如一片片云彩，白马下方有藏书票标识“EX Libris”字样。藏书票标识下方的矩形文字框中有藏书主的手写签名“Isabel Gamble”（伊莎贝尔·甘布尔），票面底部的手写文字“Swarthmore，Pa. 7th March，1944”，表明该书是斯沃斯莫尔学院的伊莎贝尔·甘布尔于 1944 年 3 月 7 日收藏的。

书目信息

书　　名：*Poems*
　　　　　《诗集》
作　　者：W. H. Auden
出 版 者：Random House
出版年份：1934

Jane Lynch 藏书票

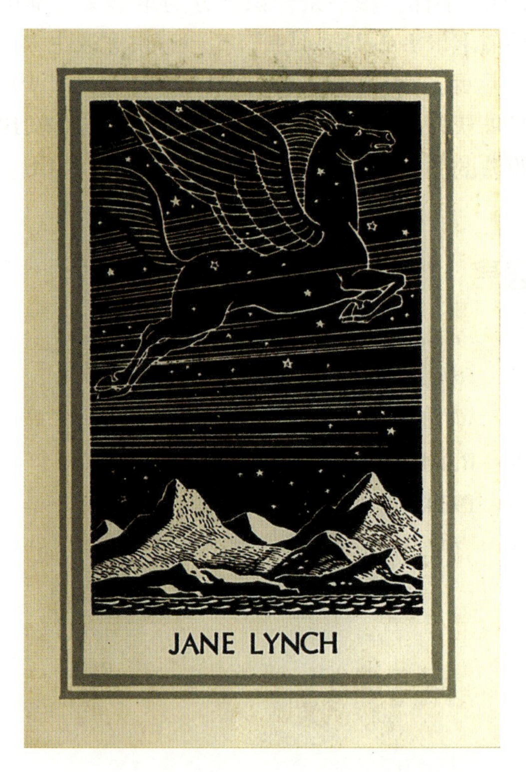

（尺寸：7.1 cm×10.2 cm）

藏书票介绍

此枚藏书票为一幅黑白木刻版画，票面主体为一匹在浩瀚的星空下展翅腾飞的骏马，骏马之下是蜿蜒起伏的群山与静静流淌的河流。该骏马形象被称作帕加索斯（Pegasus），是希腊神话中最著名的奇幻生物之一。相传这匹天马在赫利孔山（Helicon）上踩出了希波克里尼灵感泉（Hippocrene），诗人饮之可获灵感，因此它也被视为文艺、科学女神缪斯的标志。画面底部印有藏书者的名字“JANE LYNCH”（简·林奇）。

书目信息

书　　名：*Scott Fitzgerald：Letters to His daughter*
　　　　　《斯科特·菲茨杰拉德致女儿书》
作　　者：F. Scott Fitzgerald
出 版 者：不详
出版年份：1965

J. Hoffmann 藏书票

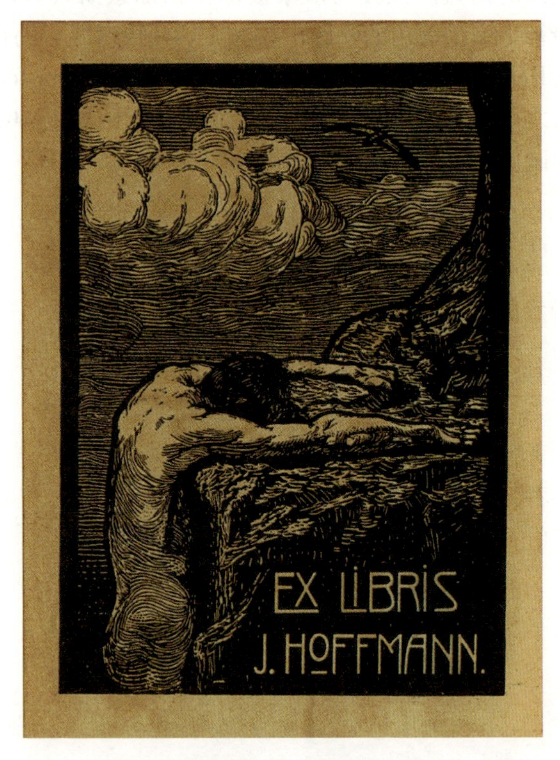

（尺寸：8.9 cm×10.5 cm）

藏书票介绍

此枚藏书票为一幅黑白木刻版画。画面描绘了一位男子裸身悬挂在悬崖峭壁上，双手用力抓住石头，力求爬上峭壁，但又筋疲力尽。远处有白云和孤鸟，衬托这孤助无援的场景。画面右下角印有藏书票标识“EX LIBRIS”和藏书者的名字“J. HOFFMANN”（霍夫曼）。

书目信息

书　　名：*History of Friedrich II of Prussia*：*Called Frederick the Great*

《普鲁士腓特烈大帝史》

作　　者：Thomas Carlyle

出 版 者：B. Tauchnitz

出版年份：1858

J. L. Van Laningham 藏书票

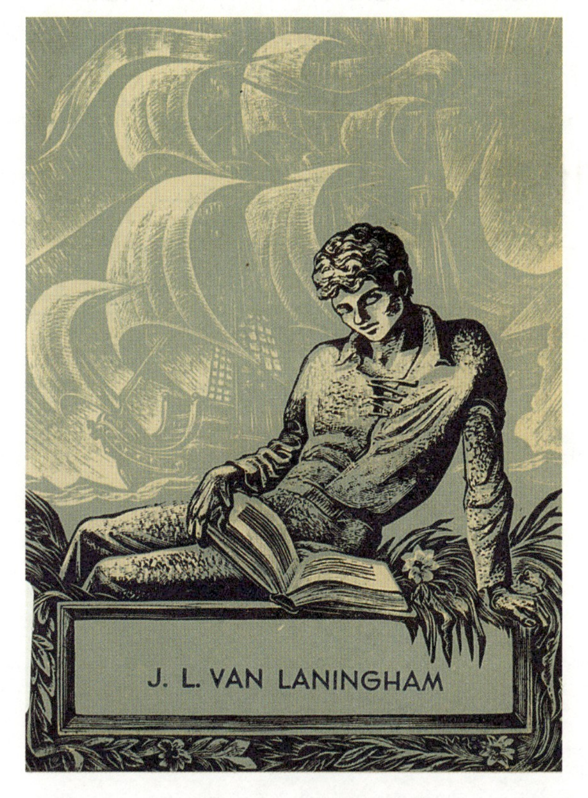

（尺寸：7 cm×10 cm）

藏书票介绍

这是一枚通用型藏书票，票面主体是一个斜坐在草地上翻阅图书的男子，他体型健硕，头发卷曲，眼睛明亮，若有所思，身后是一艘在大海中航行的帆船，风帆鼓满可蔽日，灯塔耸立，波浪汹涌，寓意阅读能让思想远航。男子下方的矩形方框中印有使用者的名字“J. L. VAN LANINGHAM”（J. L. 范 · 拉宁汉姆）。此枚藏书票是林德 · 沃德设计的系列藏书票之一。

书目信息

书　　名：*The American College Dictionary*
　　　　　《美国大学辞典》
作　　者：Clarence L. Barnhart
出 版 者：Random House
出版年份：1947

John Edward Crean 藏书票

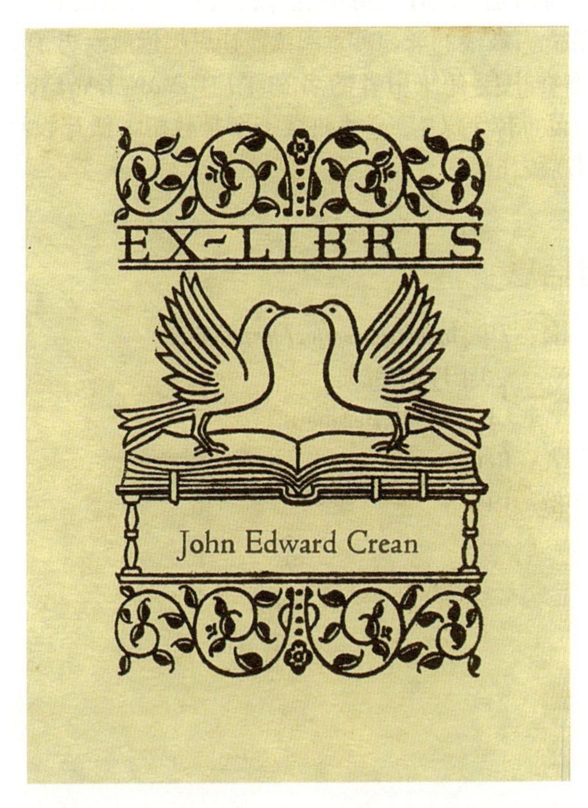

（尺寸：8 cm ×10 cm）

藏书票介绍

此枚藏书票的中心是两只四目相对、展翅欲飞的鸽子。鸽子上方印有藏书票标识“EX LIBRIS”，下方印有“John Edward Crean”字样，绘有对称的缠枝和花朵等，给人以和谐对称之美。

约翰·爱德华·科里恩（John Edward Crean）是西密歇根教区的名誉院长，曾在耶鲁大学、威斯康星大学麦迪逊分校等高校任教。

书目信息

书　　名：*A Short History of Philosophy*
　　　　　《哲学简史》
作　　者：F. J. Thonnard
出 版 者：Desclée
出版年份：1956

Joseph M. Gleason 藏书票

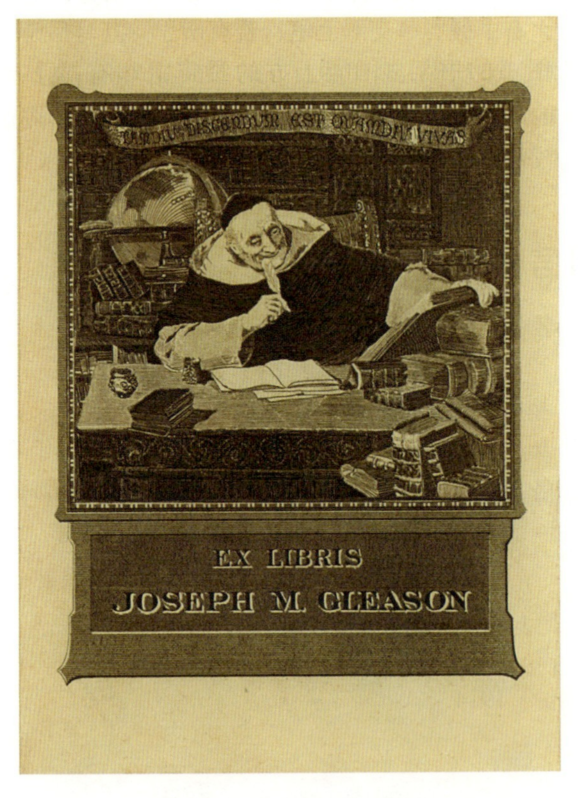

(尺寸：8 cm×11 cm)

藏书票介绍

此枚藏书票描绘的是一位神父伏案阅读并用笔记录的场景。神父面前的书桌上摆放有墨水瓶、打开的笔记本、若干纸张和一些随手摆放的工具书。神父面对着左手边一本翻开的图书，右手握着一支鹅毛笔，若有所思。其身后是地球仪和摆满图书的书架。书架上方的绶带上印有拉丁文箴言“Tamdiu discendum est quamdiu vivas”，意为“活到老，学到老”。画面下方的矩形方框里印有藏书票标识“EX LIBRIS”和藏书者的名字“JOSEPH M. GLEASON”。

约瑟夫·格里森（Joseph M. Gleason，1869—1942），加利福尼亚州天主教神父、教育家、历史学家、目录学家、藏书家。

书目信息

书　　名：*A Dictionary of Latin And Greek*：*Quotations*，*Proverbs*，*Maxims*，*And Mottos*

《拉丁语希腊语词典：引语格言和箴言》

作　　者：H. T. Riley

出 版 者：Bell

出版年份：1914

Lawrence and Marianne，Schmitt 藏书票

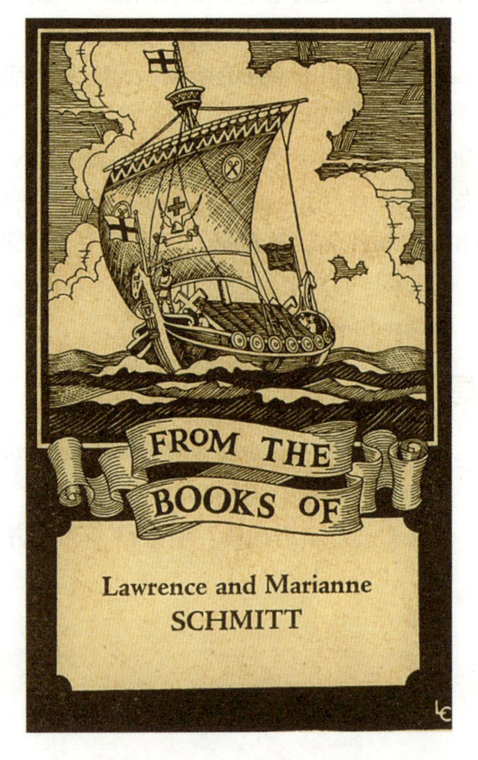

（尺寸：7 cm × 10.8 cm）

藏书票介绍

此枚藏书票的主体为一艘在海上航行的维京船，风帆高悬，旗帜飘扬。帆面上绘有代表船只来源的徽章与图案。甲板上有若干水手在劳作，一位水手站在瞭望台上正眺望远方。海面波澜起伏，远处有高耸的浓积云。整副画面象征着勇敢的探险精神。票面下方印有藏书者的名字“Lawrence and Marianne, SCHMITT”（劳伦斯和玛丽安·施密特）。

书目信息

书　　名：*The Ring and the Book*
　　　　　《指环与书》
作　　者：Robert Browning
出 版 者：J. M. Dent & Sons, ltd. E. P. Dutton & Co.
出版年份：1911

Marion Annette Guilford 藏书票

(尺寸：8 cm ×9. 9 cm)

藏书票介绍

此枚藏书票的主题为“A NOOK AND A BOOK”（角落与书籍）。票面主体为书房场景，有高高的立钟，精致的挂画，舒适的沙发，摆有花盆的小茶几，摆满了图书的窗台，户外远处的风景。书房的顶端写着“MARION ANNETTE GUILFORD”“Her Book”。

玛丽安·安妮特·吉尔福德（Marion Amette Guilford），作家，主要作品有 *The Way of All Flesh*（《众生之道》）、*The Notebooks of Samuel Butler*（《塞缪尔·巴特勒的笔记》）等。

书目信息

书　　名：*American Poetry Since* 1900
　　　　　《1900 年以来的美国诗歌》
作　　者：Louis Untermeyer
出 版 者：Henry Holt & Co.
出版年份：1923

M. Bieri 设计之藏书票

（尺寸：8 cm×10 cm）

藏书票介绍

这是一枚水墨画风格的藏书票。票面主体为两支墨竹，竹叶疏而不漏，笔墨浓淡不一，给人一种动态的生命之美。票面右下方有一枚椭圆形的印章及设计者的手写签名“M. BIERI”。

玛丽·比埃里（Mary Bieri）是一名画家，毕业于安蒂奥克学院（Antioch College）。

书目信息

书　　名：*The Cantonese Speaker's Dictionary*
　　　　　《粤语词典》
作　　者：Roy T. Cowles
出 版 者：Hong Kong University Press
出版年份：1965

Mary Ellen Murray 藏书票

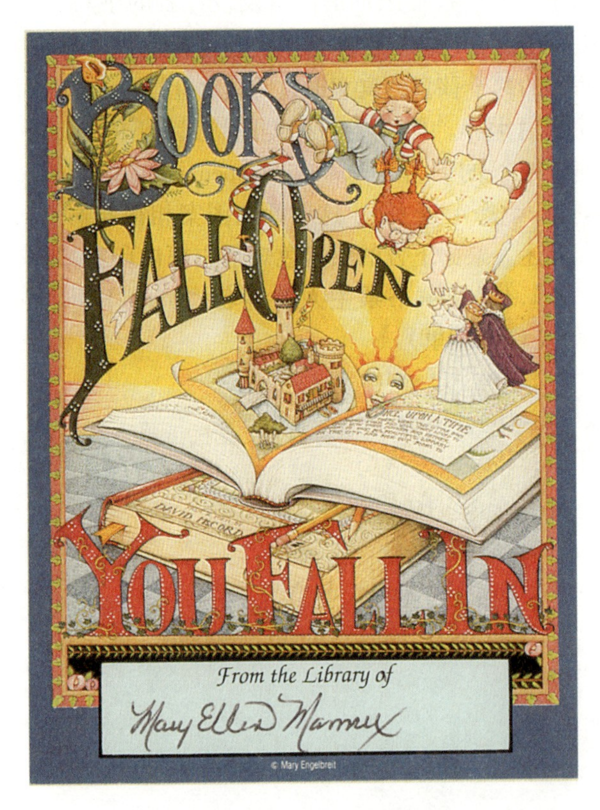

（尺寸：8 cm×10 cm）

藏书票介绍

此为美国儿童图书插画家 Mary Engelbreit（玛丽·恩格布赖特）设计的通用型藏书票。票面主体色彩丰富，充满童趣。中央是一本摊开的图书，图书上有一座城堡，在笑脸太阳散发出的金色阳光的沐浴下，公主和王子举起双手迎接从天而降的两个孩童，寓意通过阅读可让读者进入书本中所描绘的童话世界。票面还印有美国诗人 David McCord（大卫·麦考德）的名言“Books fall open, you fall in”，意为“书本打开，您走进去”，这句话与图案相得益彰，寓意读书让人着迷。票面下方的淡蓝色矩形方框内印有“From the Library of”，以及藏书票主人的签名“Mary Ellen Murray”（玛丽·艾伦·默里）。

书目信息

书　　名：*Health Assessment*
　　　　　《健康评估》
作　　者：Lois Malasanos, R. N. , Ph. D.
出 版 者：The C. V. Mosby Mosby Company
出版年份：1977

Munroe 藏书票

（尺寸：8.3 cm×10.9 cm）

藏书票介绍

此为形制复杂的纹章型藏书票。票面四周环绕茂盛枝叶，中心为盾徽。盾面以黑点为基底，绘有鹰头，鹰头上方有一颗五角星。一对雄鹰分立盾牌左右，一爪持盾，一爪站立在绶带之上。雄鹰在贵族纹章中很常见，象征着勇猛、执着、坚毅的意志。绶带上印有文字“DREAD GOD”，意为“敬畏上帝”。票面顶端印有藏书票标识“EX Libris”字样，下方印有“Munroe”字样，表明这是门罗家族的藏书票。

门罗家族起源于爱尔兰，后来进入苏格兰，其领地位于克罗默蒂峡湾的北侧，12 世纪建立了富利斯塔（Tower of Foulis）。

书目信息

书　　名：*Lieder Eines Fahrenden Gesellen*
《旅人之歌》
作　　者：Rudolf Baumbach
出 版 者：Liebeskind
出版年份：1883

Pamela Jo Hoffman 藏书票

(尺寸：7 cm ×8 cm)

藏书票介绍

这枚藏书票的主体是一张蓝色书台，台面上摆放着几本规格不一的图书，其中一本图书的书脊处印有藏书票标识“Ex Libris”字样。图书两端为狮头形状的书立，狮子张牙吐舌，寓意知识就是力量。书立上方衍生出蓝绿色花环装饰框，装饰框内印有藏书票使用者的名字“PAMELA JO HOFFMAN”（帕梅拉·乔·霍夫曼）。

书目信息

书　　名：*Who's Who in Architecture*
《建筑界名人录》
作　　者：J. M. Richards
出 版 者：Holt，Rinehart and Winston
出版年份：1977

Phyllis Mahoney 藏书票

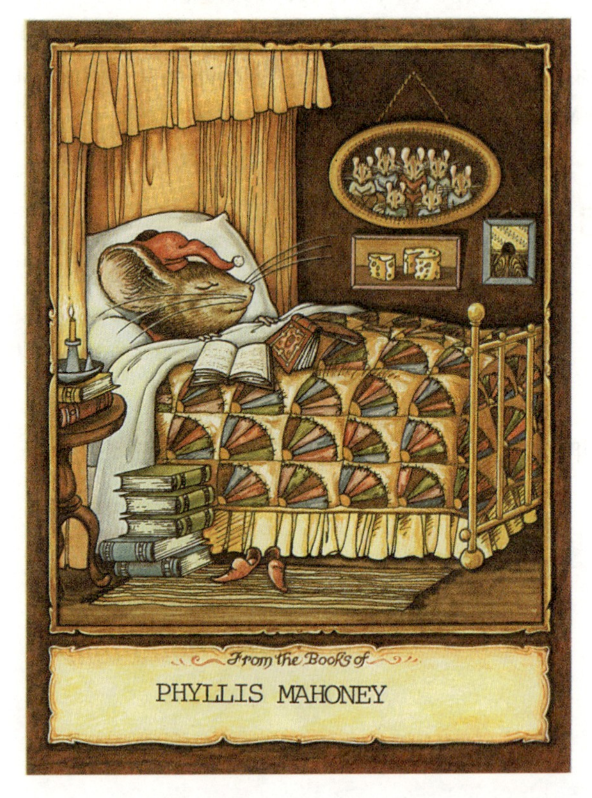

（尺寸：8 cm×10 cm）

藏书票介绍

这是一枚以卡通形象为素材的藏书票，描绘了一只小老鼠酣睡的场景。整个票面以黄色为主色调，给人以温暖的感受。小老鼠头戴圣诞帽，被褥上散落着两本图书，床边的桌子上和地毯上也堆放着书籍，床头的桌上还有一盏点燃的蜡烛，由此可见，这是一只热爱阅读的小老鼠。房间布置得十分温馨，墙上挂着全家福、奶酪等照片。主图下方的方框内印有“From the Books of”和“PHYLLIS MAHONEY”，说明该书来自菲利斯·马奥尼。

书目信息

书　　名：*Guideposts Family Topical Concordance to the Bible*
　　　　　《标杆之家圣经主题索引》
作　　者：Lloyd John Ogilvie
出 版 者：T. Nelson Publishers
出版年份：1982

Ralph S. Boggs 藏书票

（尺寸：8.0 cm×12.7 cm）

藏书票介绍

此枚藏书票是一幅黑白版画，画面中一位青年卫兵身披铠甲，骑马握鞍，手挥旗帜，旗帜上写着“RALPH · S · BOGGS”。远处的山顶上有一座城堡，似是卫兵巡防归来。图画顶端有一行藏书票标识的小字“EX LIBRIS”，底部写着“HIS · BOOK”。

拉尔夫 · 斯蒂尔 · 博格斯（Ralph Steele Boggs，1901—1994），民俗学家。1929 年获得芝加哥大学博士学位。曾在北卡罗来纳大学教堂山分校开设美国第一门民俗学课程，并创办了《美洲民俗》杂志，专门研究西班牙和拉丁美洲民俗学。

书目信息

书　　名：*Francisco de Rojas Zorilla*：*Cada qual lo quoe le toca y La viña de Nabot*
《弗朗西斯科 · 德 · 罗哈斯 · 索利亚：〈每个人都有自己的权利〉和〈拿伯的葡萄园〉》
作　　者：Francisco de Rojas Zorrilla
出 版 者：Impr. de los sucesores de Hernando
出版年份：1917

Rev. Mm. C. Deer 藏书票

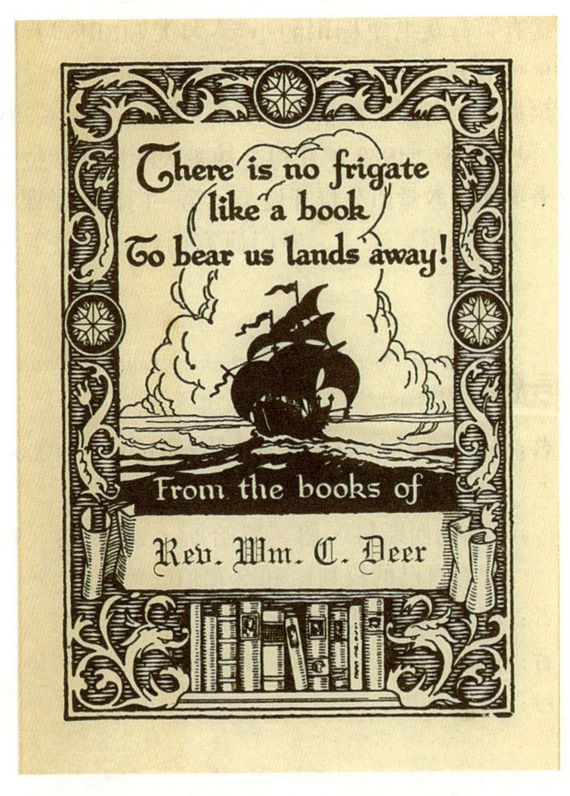

（尺寸：6 cm×9 cm）

藏书票介绍

这枚藏书票的票面装饰框由书籍、卷草纹、星星徽章、缎带等元素组成。中央是一艘乘风破浪前进的帆船，船帆被风鼓满，旗帜高高飘扬，前方是一望无垠的大海和变化莫测的云彩。帆船上方印有美国传奇诗人艾米莉·狄金森的诗句“There is no frigate like a book to bear us lands away”，意为“世上没有哪艘舰船能像书籍一样带我们去远航”。帆船下方印有“From the books of”和“Rev. Mm. C. Deer”字样，表明藏书票的主人是迪尔牧师。

书目信息

书　　名：*Christ in Poetry*：*an Anthology Compiled and Edited*
《诗歌中的基督：汇编文集》
作　　者：Thomas Curtis Clark and Hazel Davis Clark
出 版 者：Association Press
出版年份：1952

Richard G. Hiussi 藏书票

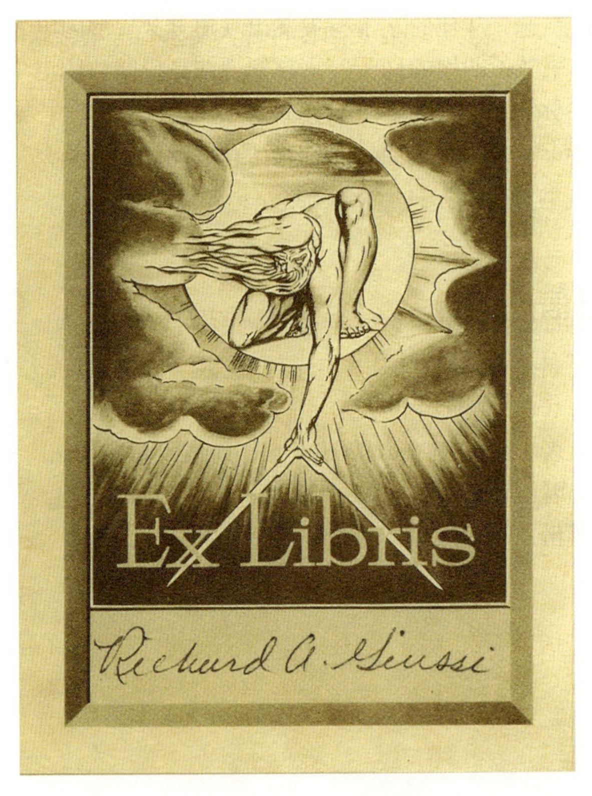

（尺寸：8 cm×10 cm）

藏书票介绍

此枚藏书票的票面中央有一太阳造型图案，内有一体型健硕的男子，应为希腊神话中的天神宙斯，被称为“众神之王”，同时也是天空与雷电、乌云之神。他右膝跪地，白色发须飘逸，从他的左手指尖发出一道“V”形闪电，散发的光芒驱散了四周的乌云，寓意知识照亮黑暗。闪电下印有藏书票标识“Ex Libris”。票面下方为使用者的手写签名“Richard G. Hiussi”（理查德·希乌西）。

书目信息

书　　名：*A Commentary on the Holy Bible*
《圣经评注》
作　　者：Various Authors
出 版 者：Macmillan
出版年份：1936

Robert Mansheim 藏书票

（尺寸：10 cm×12 cm）

藏书票介绍

此枚藏书票以橙色为背景色，用漫画的笔法描绘了一位头戴高高的厨师帽、身穿厨师服、系着白色围裙、左手叉着腰、右手扶着餐车、笑容可掬的厨师。厨师面前的餐车上摆放着食物、餐具和酒具等。食物的香气通过餐盘盖的缝隙飘散，象征香气的黑色区域印有藏书票标识“EX LIBRAS”和藏书主的名字“ROBERT MANSHEIM”（罗伯特·曼斯海姆）。此枚藏书票将图书与美食巧妙地结合起来，色彩鲜艳，让人印象深刻。

书目信息

书　　名：*Beyond East and West*
　　　　　《超越东西方》
作　　者：John C. H. Wu
出 版 者：Sheed and Ward
出版年份：1951

Ru 藏书票

（尺寸：5 cm ×8 cm）

藏书票介绍

此枚藏书票的主体图案呈叶片状，叶络将叶面一分为二，绘有月亮、星星和太阳。叶面中央印有“AN”“RU”“BOOK”字样，据此可以推测此枚藏书票为“RU”所有。从票面的颜色和装饰来看，中间的圆形图案象征地球，左右图形分别代表昼与夜。

书目信息

书　　名：*The Fortunes and Misfortunes of the Famous Moll Flanders*
《摩尔·弗兰德斯》
作　　者：Daniel Defoe
出 版 者：Hamish Hamilton
出版年份：1947

Ruth Lansing 藏书票

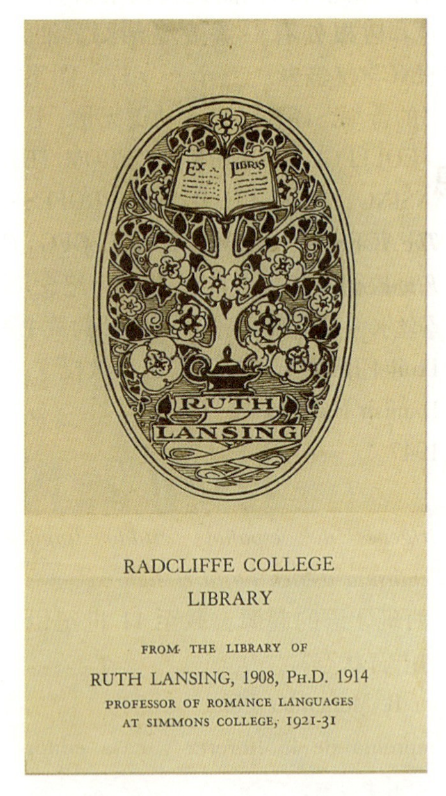

（尺寸：7 cm × 13 cm）

藏书票介绍

此为拉德克利夫学院图书馆的藏书票。票面主体为一棵枝繁叶茂的参天大树，用心形树叶点缀，开满了花朵，树冠顶部是一本摊开的书籍，书籍上印有藏书票标识“EX LIBRIS”字样。树根处有一盏壶型油灯，油灯下方印有“RUTH LANSING”（露丝·兰辛）字样。图案寓意露丝·兰辛捐赠图书的善举，泽被后人，功德无量。图案下方印有“RADCLIFFE COLLEGE LIBRARY”“FROM THE LIBRARY OF RUTH LANSING，1908，PH. D. 1914 PROFESSOR OF ROMANCE LANGUAGES AT SIMMONS COLLGEG，1921 - 31”字样，表明这是拉德克利夫学院图书馆为纪念 1914 届博士毕业的校友露丝·兰辛捐赠藏书专门设计的藏书票。兰辛博士 1921—1931 年任西蒙斯学院罗马语系教授。

书目信息

书　　名：*Orígenes del español*：*estado lingüístico de la Península ibérica hasta el siglo xi*
《西班牙语的起源：截至 11 世纪伊比利亚半岛的语言状态》

作　　者：por R. Menéndez Pidal

出 版 者：Imprenta de la librería y casa editorial Hernando (s. a.)

出版年份：1926

Ruth T. Gordon 藏书票

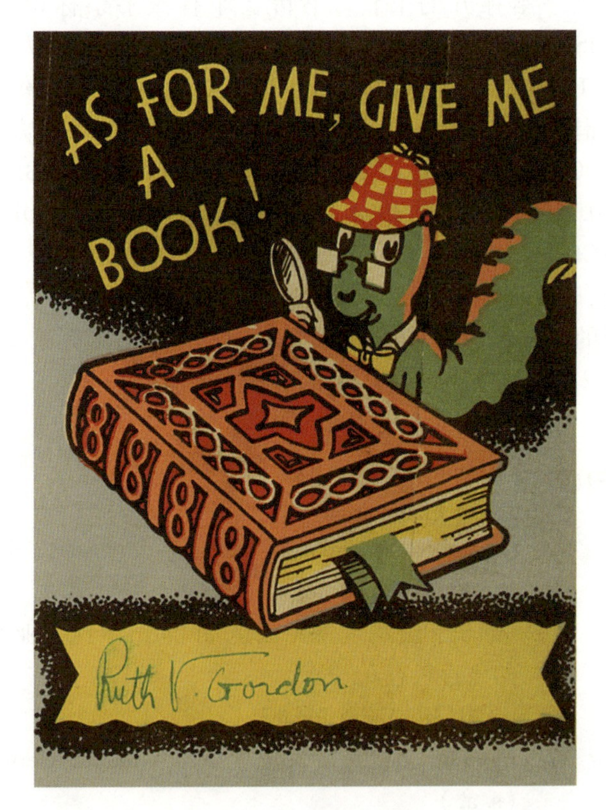

（尺寸：7 cm×10 cm）

藏书票介绍

这是一张通用型藏书票。票面上方印有“AS FOR ME, GIVE ME A BOOK!”字样，意为“对我来说，给我一本书就行！”有趣地表达了对书的喜爱和渴望。票面中央有一只可爱的“书虫”，头戴猎鹿帽，鼻梁上驾着一副眼镜，脖子上系着蝴蝶结，通体绿色，它正使用放大镜阅读一本装帧精美、夹有绿色书签的图书。书虫的形象显得活泼生动，表明藏书票主自诩为书虫。票面下方黄底的不规则装饰框内写着票主的名字“Ruth T. Gordon”（露丝·戈登）。

书目信息

书　　名：*La Fontaine Fables*
　　　　　《拉封丹寓言》
作　　者：La Fontaine, Jean De
出 版 社：Ernest Flammarion
出版年份：1943

Theodore Nicholas Foss 藏书票

（尺寸：6 cm×16 cm）

藏书票介绍

此枚藏书票的主体是一条在浪花中嬉戏的鳌鱼。鳌鱼是中国古代神话传说中的动物，龙头鱼身，有四只脚，常作为吉祥物，寓意平步青云和飞黄腾达。票面左上角和右下角有藏书者的三枚印章，可知藏书主是傅得道。

傅得道是西奥多·尼古拉斯·福斯（Theodore Nicholas Foss，1950 年生）的中文名，历史学家，先后任职于芝加哥大学、伊利诺伊大学芝加哥分校、旧金山大学、斯坦福大学，代表作有 *The Chinese Rites Controversy from its Beginning to Modern Times*（《中国礼仪之争》）等。

书目信息

书　　名：*Johann Adam Schall von Bell S. J.: Missionar in China, Kaiserlicher Astronom und Ratgeber am Hofe von Peking* 1592 – 1666
《汤若望：在华传教士、帝国天文学家和北京宫廷参赞（1592 – 1666）》

作　　者：Louis van. Hee

出 版 者：Steyler Verlag

出版年份：1991

Theol. Seminary of the Evang. Lutheran Church 藏书票

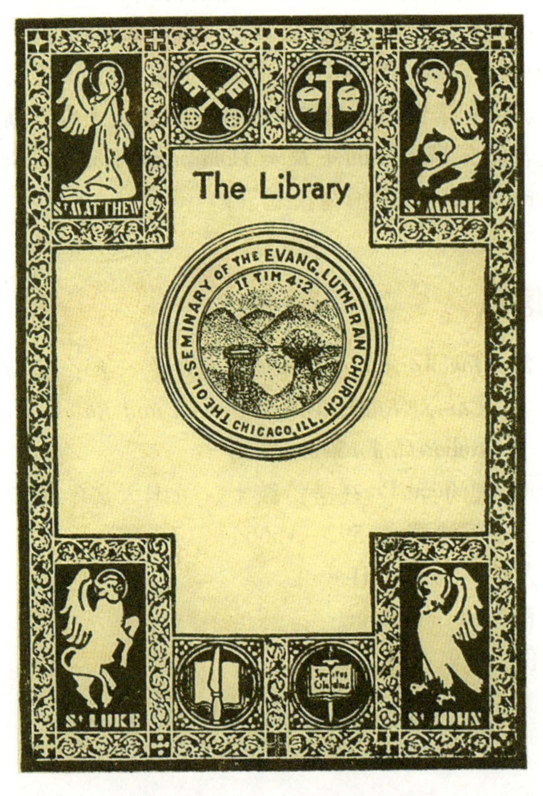

(尺寸：8 cm×11 cm)

藏书票介绍

此枚藏书票的中心是一个圆形徽章，徽章外部的圆环写有“Theol. SEMINARY OF THE EVANG. LUTHERAN CHURCH.”和“Chicago，ILL”，徽章上方写着“The Library”，表明这是位于芝加哥的路德教会神学院图书馆的藏书票。票面四角的图片下方分别是马太（St. Matthew）、圣马可（St. Mark）、路加（St. Luke）和圣约翰（St. John）的名字，图中分别绘有长着翅膀的白发白须的老翁、一头长着翅膀的狮子，一头长着翅膀的牛及一只鹰，分别代表了《圣经》四大福音书。

书目信息

书　　名：*The World of Teilhard*

《泰尔哈德的世界》

作　　者：Robert T. Francoeur

出 版 者：Helicon Press

出版年份：1961

Thomas King Whipple 藏书票

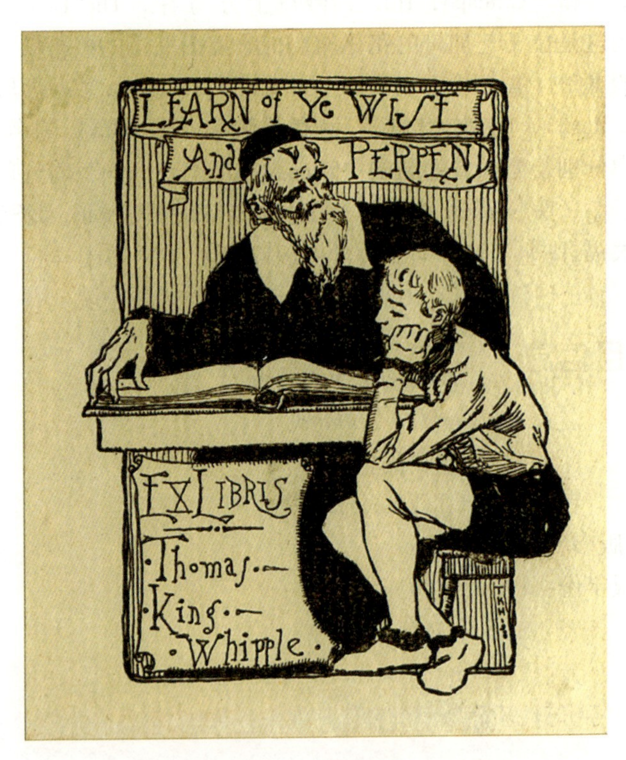

（尺寸：7. 1 cm ×8. 4 cm）

藏书票介绍

此枚藏书票描绘了一幅老人与少年一起阅读的场景。老人身穿黑衣，正在认真地给旁边的少年讲解，少年两腿交叉坐在书桌前，单手托腮，若有所思。老人身后的背景墙上写的“LEARN OF YE WISE AND PERPEND”，这出自莎士比亚的喜剧《皆大欢喜》（As You Like It），意为“听听那些聪明人的吧，仔细想想”。书桌前侧印有藏书票标识“EX LIBRIS”及使用者的名字“Thomas King Whipple”。

托马斯·金·惠普尔（Thomas King Whipple，1890—1939），毕业于普林斯顿大学，1917 年获哲学博士学位。先后任教于纽约的斯克内克塔迪联合学院、莱斯学院、普林斯顿大学、加州大学，代表作有 *Spokesmen*（《代言人》）、*The Dynamics of Literature*（《文学的动力》）等。

书目信息

书　　名：*Hudibras*
　　　　　《休迪布拉斯》
作　　者：Samuel Butler
出 版 者：University Press
出版年份：1905

Universitatis Sancti Joannis 藏书票

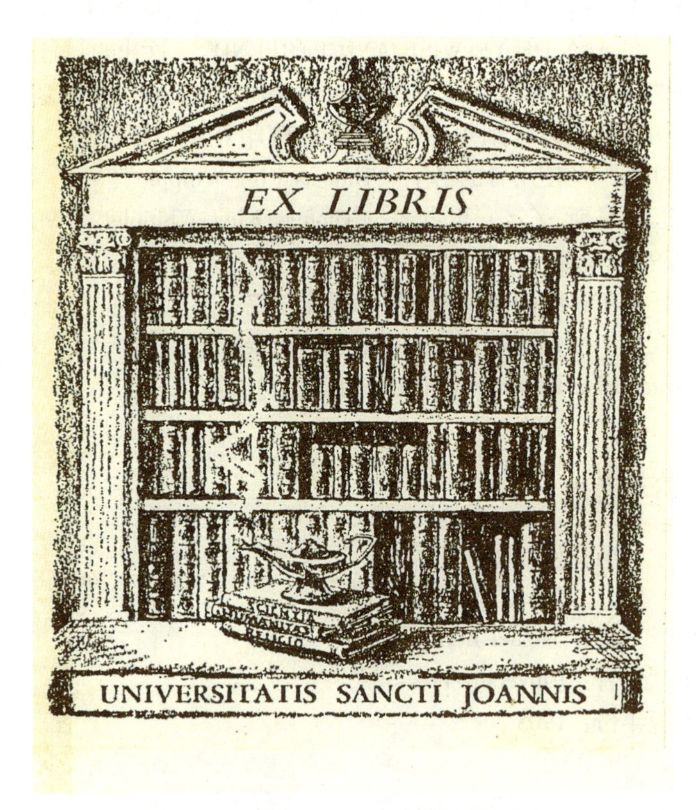

（尺寸：8 cm×10 cm）

藏书票介绍

此枚藏书票主体为一个书架，书架顶端印有藏书票标识“EX LIBRIS”，四层书架上摆满了书籍，书架前方放置有书籍和油灯。书架底部印有“UNIVERSITATIS SANCTI JOANNIS”字样，表明这是圣约翰大学的藏书票。

圣约翰大学（St. John's University）位于纽约市，1870 年由传教会创立，是一所私立天主教大学。

书目信息

书　　名：*The Coherence of Theism*
　　　　　《有神论的连贯性》
作　　者：Richard Swinburne
出 版 者：Clarendon Press
出版年份：1977

Violetta G. Shelton，M. D. 藏书票

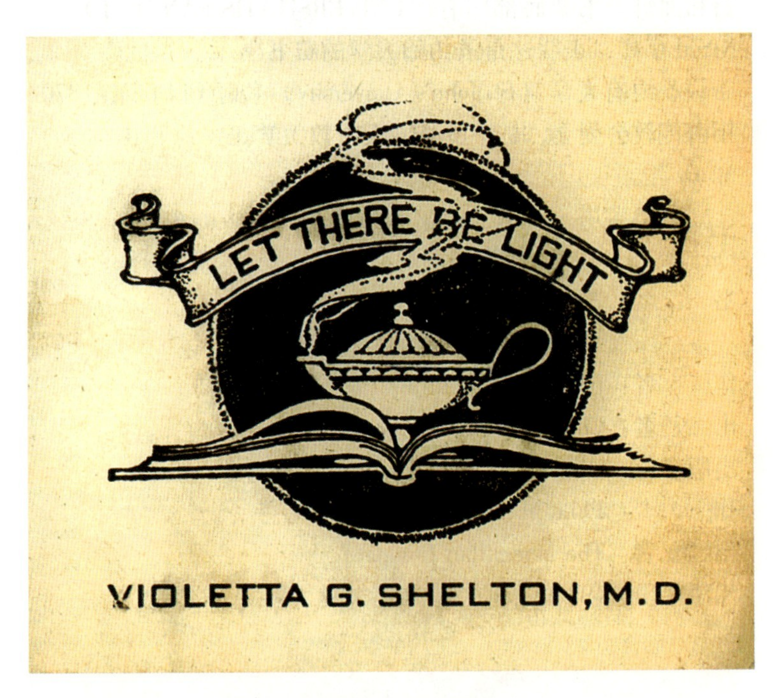

（尺寸：7. 1 cm ×8. 4 cm）

藏书票介绍

此枚藏书票以书籍和油灯为主题，油灯和书本都是留白处理，整个画面黑白分明。油灯上方的绶带上印有“LET THERE BE LIGHT”，意为“要有光”，源自《圣经》中“And God said, Let there be light: and there was light.”（上帝说，要有光，就有了光。）以书为光的寓意得到了凸显。图案下方为藏书者的名字“VIOLETTA G. SHELTON, M. D.”。

维奥莱塔·吉尔曼·谢尔顿博士（Violetta Gilman Shelton，1878—1971），生于堪萨斯州，是一名整形外科医生。

书目信息

书　　名：*The World's Great Age*
　　　　　《世界的伟大时代》
作　　者：Philo M. Buck
出 版 者：The Macmillan Company
出版年份：1936

猫头鹰主题藏书票

猫头鹰在西方是智慧的象征，在欧美图书馆藏书票中时常可见各种各样的猫头鹰图案。猫头鹰还有“夜猫子”的俗称，寓意勤奋读书、刻苦治学。中山大学广州校区南校园图书馆四周的丛林中，常年栖息着两只猫头鹰，成为图书馆一道独特的风景。中山大学图书馆特将猫头鹰定为图书馆的吉祥物，以表达“智慧与服务”之精神。中山大学图书馆藏书票中有数量可观的猫头鹰主题藏书票，虽非中山大学图书馆制作，但是展现了中西方图书馆崇尚智慧的共同理念。

Arthur Cornwallis Savile 藏书票

(尺寸：7.6 cm ×9.3 cm)

藏书票介绍

此枚藏书票的设计简洁大方，由猫头鹰、盾牌、绶带等元素构成。上部为一只站在树枝上的猫头鹰，正机警地注视着前方。中部是一面盾牌，绘有三只猫头鹰，仿佛是护卫者。盾牌下方的绶带上写有“BE FAST”，寓意追求更快。底部印有藏书者的名字“Arthur Cornwallis Savile”，表明这是阿瑟·康沃利斯·萨维尔（1865—1922）的藏书。

书目信息

书　　名：*Strathmore*

　　　　　《斯特拉斯莫尔》

作　　者：Ouida

出 版 者：Chatto & Windus

出版年份：1896

Francis V. McMillen 藏书票

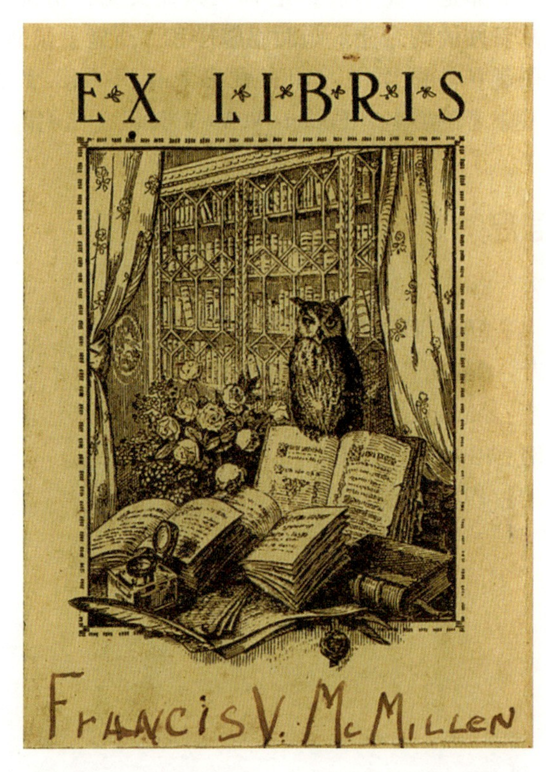

（尺寸：6. 3 cm ×8. 6 cm）

藏书票介绍

此枚藏书票描绘的是一幅温馨的书房场景，摆满书籍的玻璃书柜，放置着鲜花、书籍的桌子，还有一只猫头鹰笔直地站立在一本翻开的书上，它两只眼睛炯炯有神地观察前方，显示着阅读的专注。画面温馨祥和，凸显了藏书票主高雅的读书趣味。画面上方印有藏书票标识“EX LIBRIS”，下方为藏书者的签名“Francis V. McMillen”（弗朗西斯 · V. 麦克米伦）。

书目信息

书　　名：*More Wild Folk*
　　　　　《续野生动物的故事》
作　　者：Samuel Scoville
出 版 者：The Century Co.
出版年份：1924

Helen Anne Dillon 藏书票

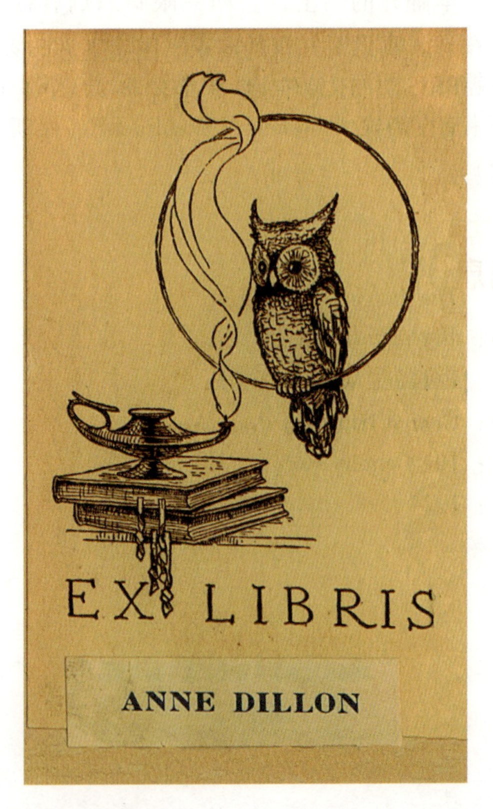

（尺寸：6.9 cm×10.1 cm）

藏书票介绍

此枚藏书票为一幅钢笔速写画，画面上两本摞在一起的书籍上摆着一盏壶式油灯，油灯上方缭绕着一缕缕轻烟，寓意书籍主人秉烛夜读的勤奋。右上方一只猫头鹰正双眼紧盯着下面的书籍，寓意对知识的渴求。图案下方印有藏书票标识“EX LIBRIS”，还贴有藏书者名字“ANNE DILLON”（安妮·狄龙）的标签。

书目信息

书　　名：*The Judge*
　　　　　《法官》
作　　者：Rebecca West
出 版 者：George H. Doran Company
出版年份：1922

Jean Barbata 藏书票

（尺寸：6.8 cm×9.2 cm）

藏书票介绍

此枚藏书票简洁大方，票面中间印有“From the Library of”字样，字母“F”与“L”均采用艺术字体，其中字母“F”旁绘有一枝穗状花纹作装饰，字母“L”上绘有三只紧紧偎依、萌态可掬站立着的猫头鹰，其下印有“Jean Barbata”字样，以及一本翻开的图书，表明这是吉恩·芭芭塔（Jean Barbata）的私人藏书票。

书目信息

书　　名：*One Hundred Poems from the Japanese*
　　　　　《日本诗歌一百首》
作　　者：Kenneth Rexroth
出 版 者：New Directions
出 版 地：New York
出版年份：1964

Jeffers Peebles 藏书票

（尺寸：7. 2 cm ×8. 7 cm）

藏书票介绍

此枚藏书票描绘的是一幅美丽的乡村景色。画面近处的树枝上挂着一盏灯，远处的房子和树木参差排列，还有一条延伸到远方的路，呈现出一种空间纵深感。票面边框由花叶元素构成，图案下方矩形框内有藏书票标识“Ex Libris”，标识两侧各画有一只猫头鹰，双眼凝视前方，呈现出机警戒备的状态，底部印有藏书票主的名字“Jeffers Peebles”（杰弗斯·皮布尔斯）。

书目信息

书　　名：*Elementary Treatise on Natural Philosophy*
　　　　　《自然哲学初论》
作　　者：A. Privat-Deschanel
出 版 者：D. Appleton and Company
出版年份：1883

Lee M. Poorbaugh 藏书票

（尺寸：7.6 cm×9.9 cm）

藏书票介绍

此枚藏书票是一幅黑白木刻版画，票面主体是两只猫头鹰，站立在杂乱的书堆上，目光如炬，正在专注地阅读面前的书籍。它们灵活的大眼睛与爱书者在阅读时炯炯有神的目光非常神似。票面下方印有藏书票标识“EX-LIBRIS”，以及票主的钢笔签名“Lee M. Poorbaugh”（李·M. 波尔堡）。

书目信息

书　　名：*Experiments in General Chemistry*
《普通化学实验》
作　　者：G. C. Chandlee, Pauline Beery Mack and Arnold J. Currier.
出 版 者：Department of Chemistry
出版年份：1931

Miss Lee's School 藏书票

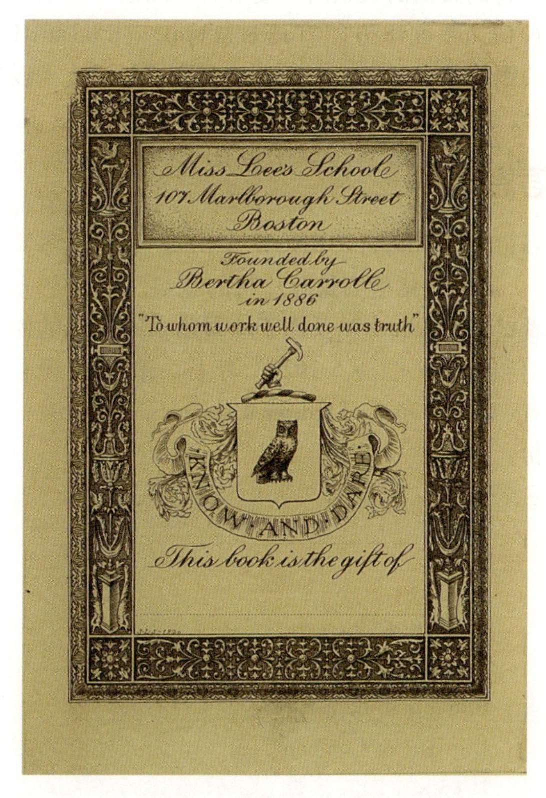

（尺寸：8 cm×12 cm）

藏书票介绍

此枚藏书票是为赠书设计的，票面边框有精致浮雕图案，以及蜂鸟、剑、花、绶带等元素装饰。票面上部写有“Miss Lee's School，107 Marlborough Street Boston”“Founded by Bertha Carroll in 1886”“To whom work well done was truth”字样，表明该藏书票属于李氏学校，该校位于波士顿马尔堡街107号，由贝莎·卡罗尔于1886年所创办，其名言为“好好学习才是真理”。文字下方是一个有着猫头鹰图案的盾型徽章，盾面上方是一只紧握锤头的手，象征着力量。徽章下方绶带上印有格言“KNOW AND DARE”，意为“知道并勇于”。盾型徽章后方是叶片状的花纹。图案下方印文字“This book is the gift of”及用于填写赠书人信息的横线。边框左下角印有“S·L·S-1920”字样，表明此藏书票是西德尼·劳顿·史密斯（Sidney Lawton Smith，1845—1929）设计的。

书目信息

书　　名：*Michelangelo*
　　　　　《米开朗琪罗》
作　　者：Romain Rolland
出 版 者：Duffield & Company
出版年份：1915

Rod. Leela Gaia 藏书票

（尺寸：5 cm×7 cm）

藏书票介绍

这是一张通用型藏书票。票面主体绘有一只黄褐色的卡通猫头鹰。它的眼睛如铜铃，爪子紧紧抓住褐色的树枝，身体闪现出亮黄色的光。猫头鹰下方印有“WHO?”字样，票面下方空白处有藏书票主的签名“Rod. Leela Gaia”（罗德·利拉·盖亚）。

书目信息

书　　名：*Saint-watching*

《圣徒观察》

作　　者：Phyllis McGinley

出 版 者：Viking Press

出版年份：1969

Ruth Louise Lowe 藏书票

（尺寸：6.5 cm×10.0 cm）

藏书票介绍

此枚藏书票是一幅木刻版画，描绘的是书桌的一角：桌上放有书籍、地球仪、墨水和沙漏。地球仪后方站着一只猫头鹰，它通体黑色，目光如炬，专注地看着前方，象征着阅读的全神贯注。图案下方的矩形方框内有藏书票标识“EX LIBRIS”和藏书主的手写签名，但有删改痕迹，似乎为“Ruth Louise Lowe”（露丝·路易斯·罗威）。

书目信息

书　　名：*Smith's College Chemistry*
　　　　　《史密斯大学化学》
作　　者：Alexander Smith
出 版 者：D. Appleton-Century Company
出版年份：1935

William Day Crockett 藏书票

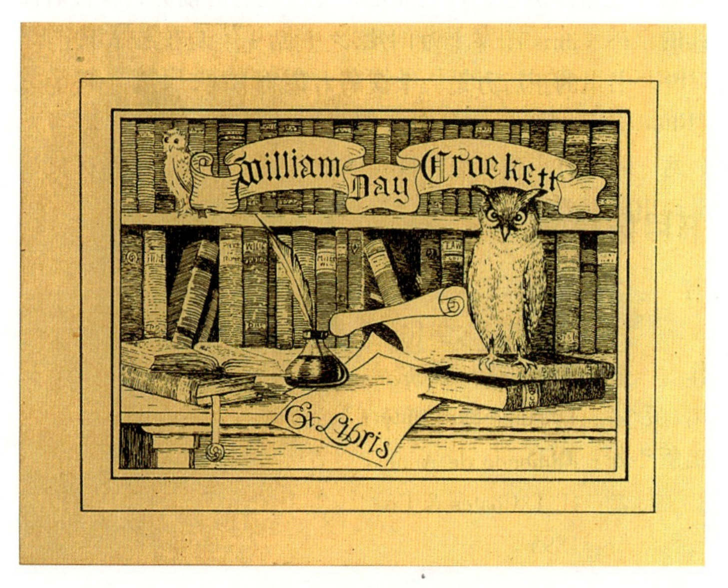

（尺寸：9. 9 cm ×7. 3 cm）

藏书票介绍

威廉·戴·克罗基特（William Day Crockett）的这枚藏书票图案由书籍和猫头鹰构成。书桌上杂乱地摆放着几本书、稿纸和插有一支鹅毛笔的墨水瓶，稿纸底部印有藏书票标识“Ex Libris”，右侧的书籍之上站立一只炯炯有神的猫头鹰。书桌的正后方是一个摆满书籍的书架，书架上层的绶带上标有藏书票主的名字“William Day Crockett”，绶带左侧站立着一只小猫头鹰，样貌俏皮可爱。藏书票的整体风格呈现出藏书票主热爱读书、追求智慧的境界。

书目信息

书　　名：*Spain and the Spaniards*
　　　　　《西班牙与西班牙人》
作　　者：Edmondo de Amicis
出 版 者：H. T. Coates & Co.
出版年份：1895